古代ローマ ごくふつうの50人の歴史

無名の人々の暮らしの物語

河島思朗
Kawashima Shiro
京都大学大学院准教授

さくら舎

（前ページ）アウグストゥスの妻リウィアの別荘のフレスコ画の一部。別荘の壁一面に庭園の絵が描かれている＊　→ P. 212
（右から）マルクス・ガウィウス・アムピオンの墓碑。ネズミ男というあだ名をもつ人で、墓碑の上部にネズミが描かれている。ローマでは個人の墓が建てられ、墓碑に生前の様子や建立者の思いなどが記された。墓碑は当時の様子を知る大きな手がかりとなると同時に、2000 年前の人々の人生をリアリティをもって想像する助けとなる　→ P. 179　／靴職人ガイウス・ユリウス・ヘリウスの墓碑。肖像の上に、靴の木型が彫られている　→ P. 81
（左ページ上）亡くなった赤ちゃんの墓碑→ P. 183　（左ページ下）動物をかたどったガラガラ。子どもの墓には生前使っていたものや、好きだったおもちゃ、ままごと道具や人形なども納められた　→ P.186

Θ Δ
Λ ΑΙΛΙΩΜΕΛΙΤΙΝΩ
ΤΕΚΝΩΓΛΥΚΥΤΑΤΩ
ΦΗΛΙΚΛΑΜΗΤΗΡΚΑΙΜΥ
ΡΩΝΠΑΤΗΡΑΤΥΧΕϹΤΑ
ΤΟΙΕΠΟΗϹΑΝΕΖΗϹΕΝ
ΜΗϹΙΝΔΕΚΑΤΡΙϹΙΝ
ΗΜΕΡΑΙϹΕΝΝΕΑ ΜΗ
ΕΝΟΧΛΗϹΗϹΤΩΤΑΦΩ
ΜΗ ΤΟΙΑΥΤΑΠΑΘΗϹ
ΠΕΡΙΤΕΚΝΩΝ·ΝΕSIS
MOLESTVSNEPATIARVSHOC
ETOMASINCLVSASCAVE

SOC M C PONTILIENORVM M F

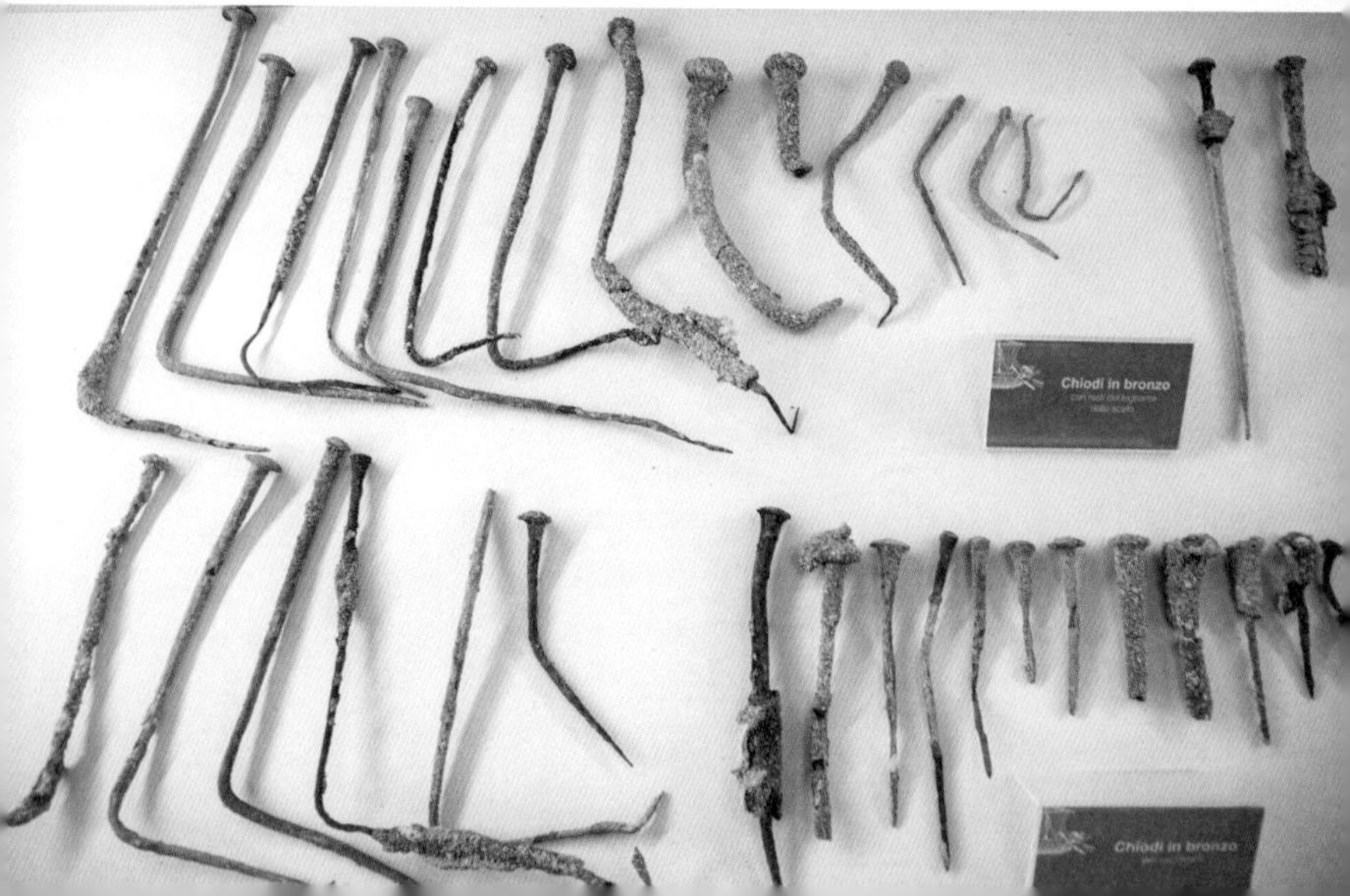
Chiodi in bronzo
Chiodi in bronzo

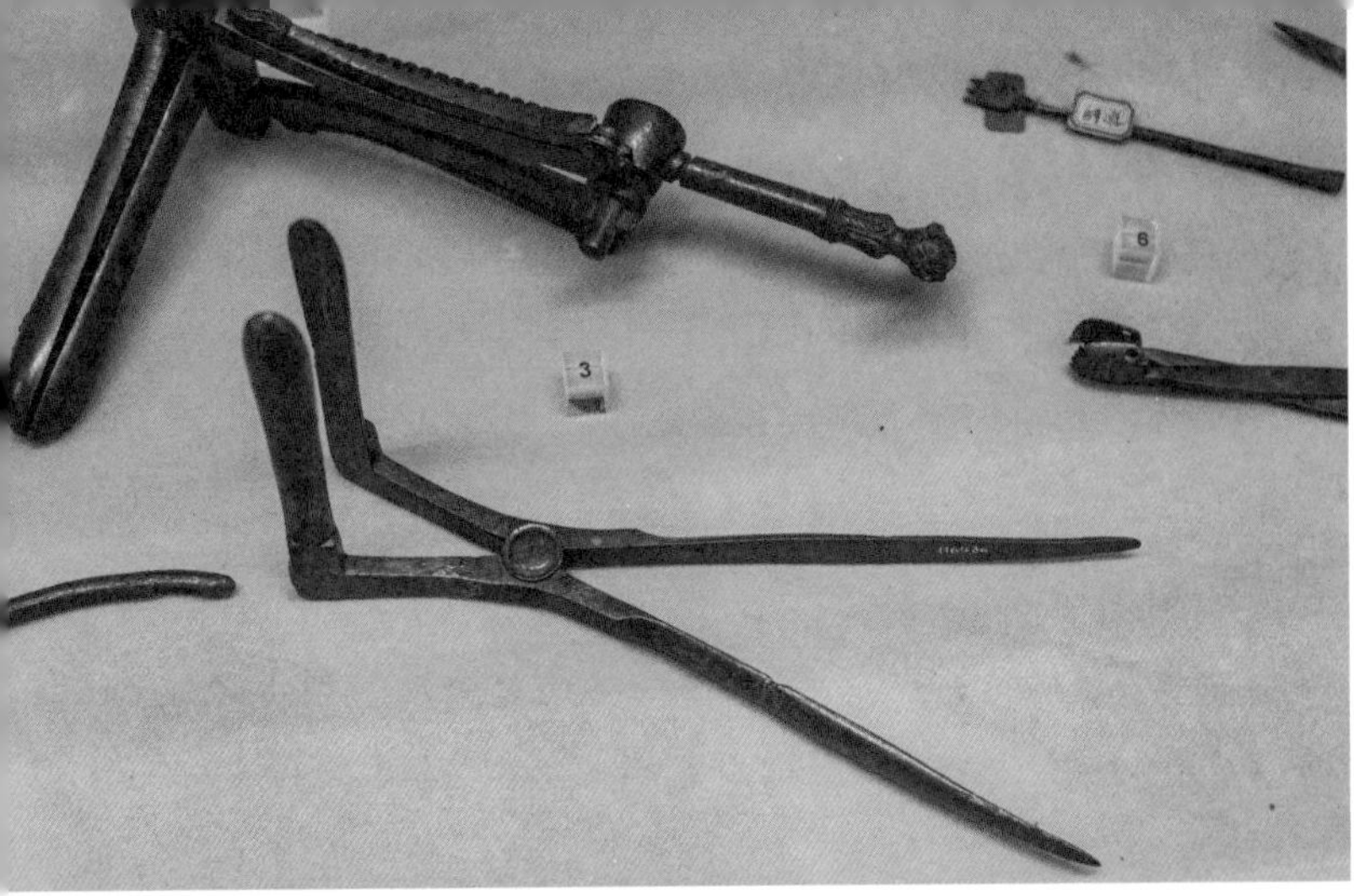

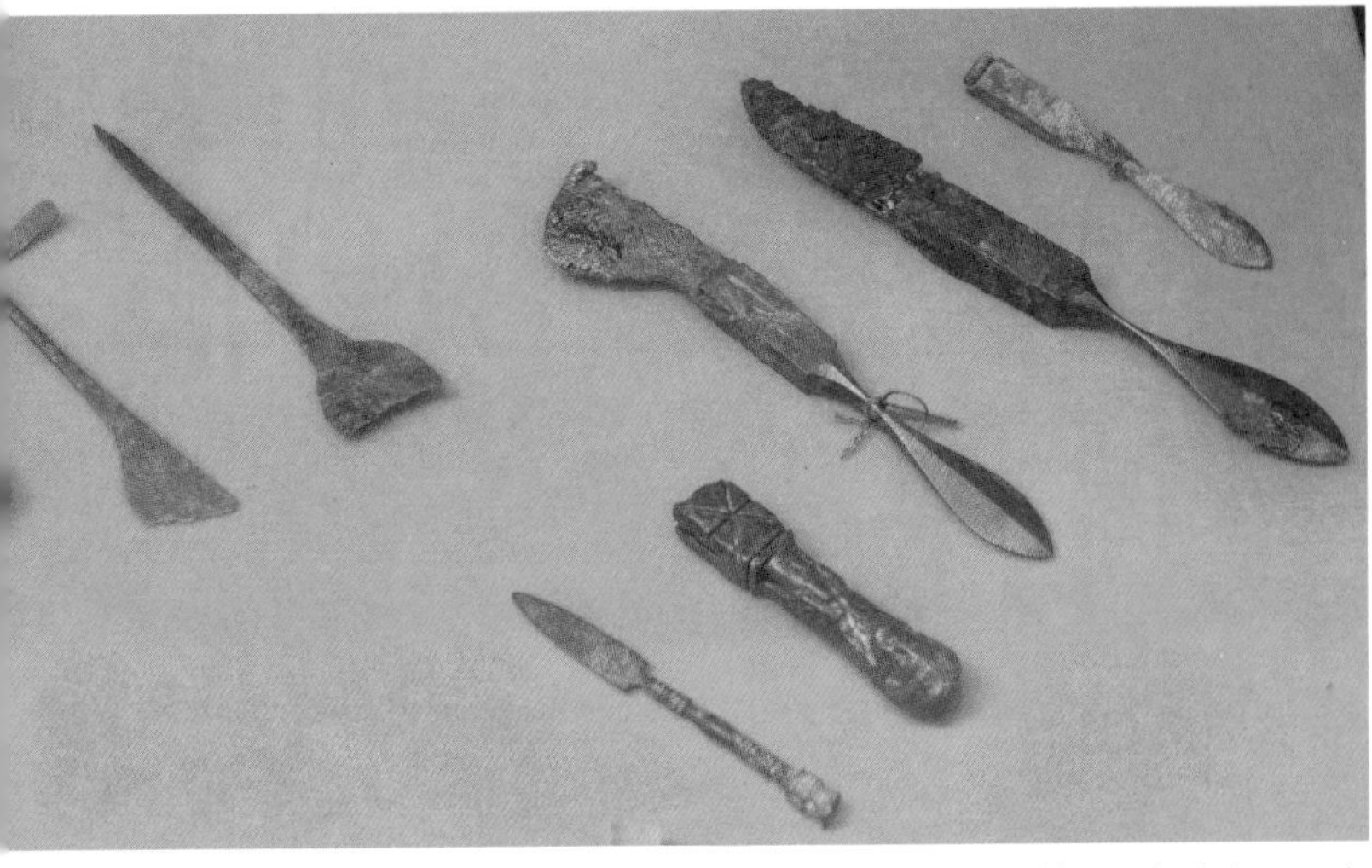

（上下ともに）医療器具。ローマでは、医師は職人の一種とみなされていた
→ P. 188
（右ページ上段）ローマの水道設備を支えるためにさまざまな配水装置がつくられた　→ P. 238（右ページ中段）配水管は青銅製、陶製、鉛製のものがあった。写真は配水管をつくるための鉛の鋳塊。質を担保するために製造者の名前が刻まれている　→ P. 241（右ページ下段）建物や製品などに木が多用されたローマでは、多くの釘が必要だった。1 世紀頃から釘専門の職人も誕生した　→ P. 231

（上）「番犬注意」と書かれたモザイク。狩猟犬、牧羊犬、番犬、愛玩犬など、犬は人々の生活に欠かせない仲間だった →P. 280 （下）猫はペットではなかったようだが、暮らしのなかにいて、ネズミを駆除する存在として活躍した →P. 283

レンガ製造業の事業主であるドミティア・ルキッラの名と、レンガをつくった職人グナエウス・ドミティウス・トゥロピムスの名前が刻まれているレンガ。建築ラッシュに沸くローマにおいて、レンガは欠かせなかった
→ P. 117

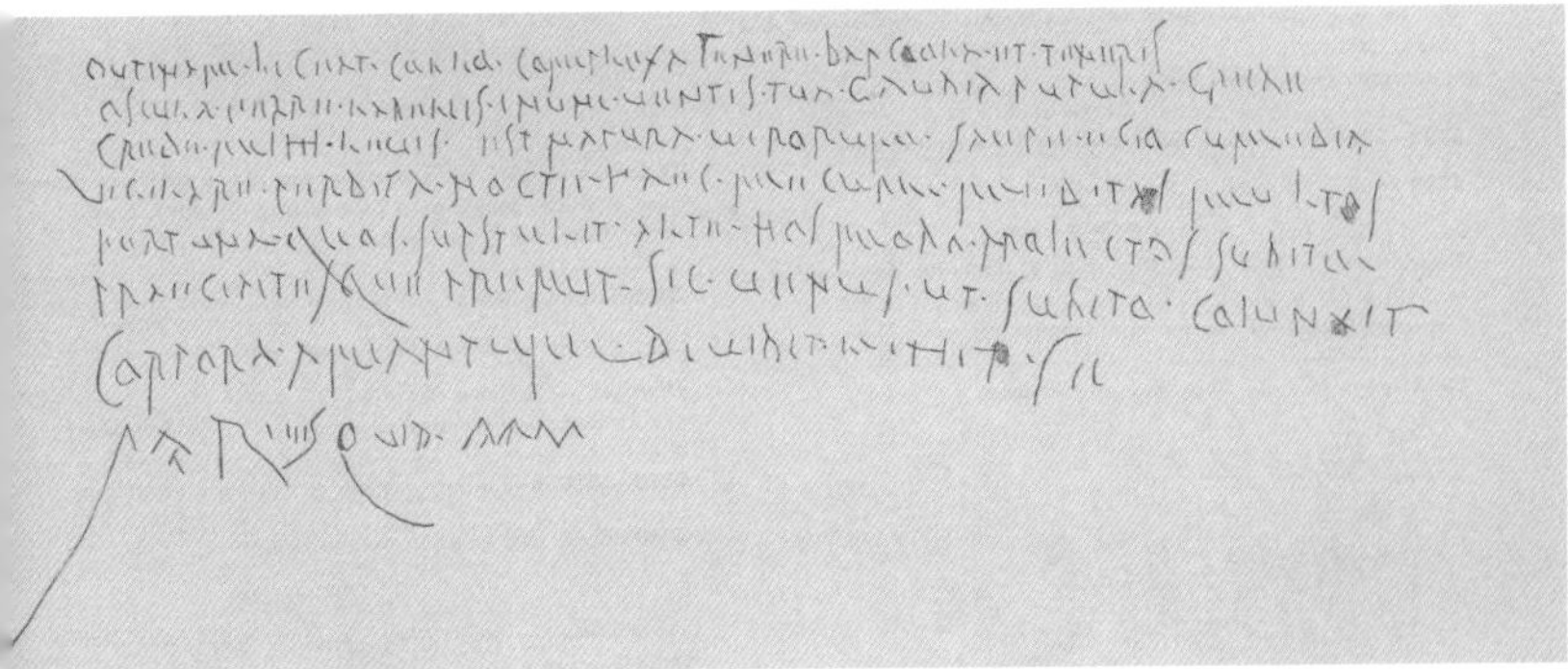

ポンペイの壁に残された、女性が記したと思われる恋愛詩の落書き。ローマでは、裕福な家庭に限らず、女子にも基本的な読み書きを学ぶ機会があった → P. 252

（上）ポンペイで見つかったパンの化石。パンはローマ人の主食だった*
→ P. 92 （下）丸パンを焼くための銅製の調理器具 → P. 229
（右ページ）パンを売る様子が描かれた壁画 → P. 96

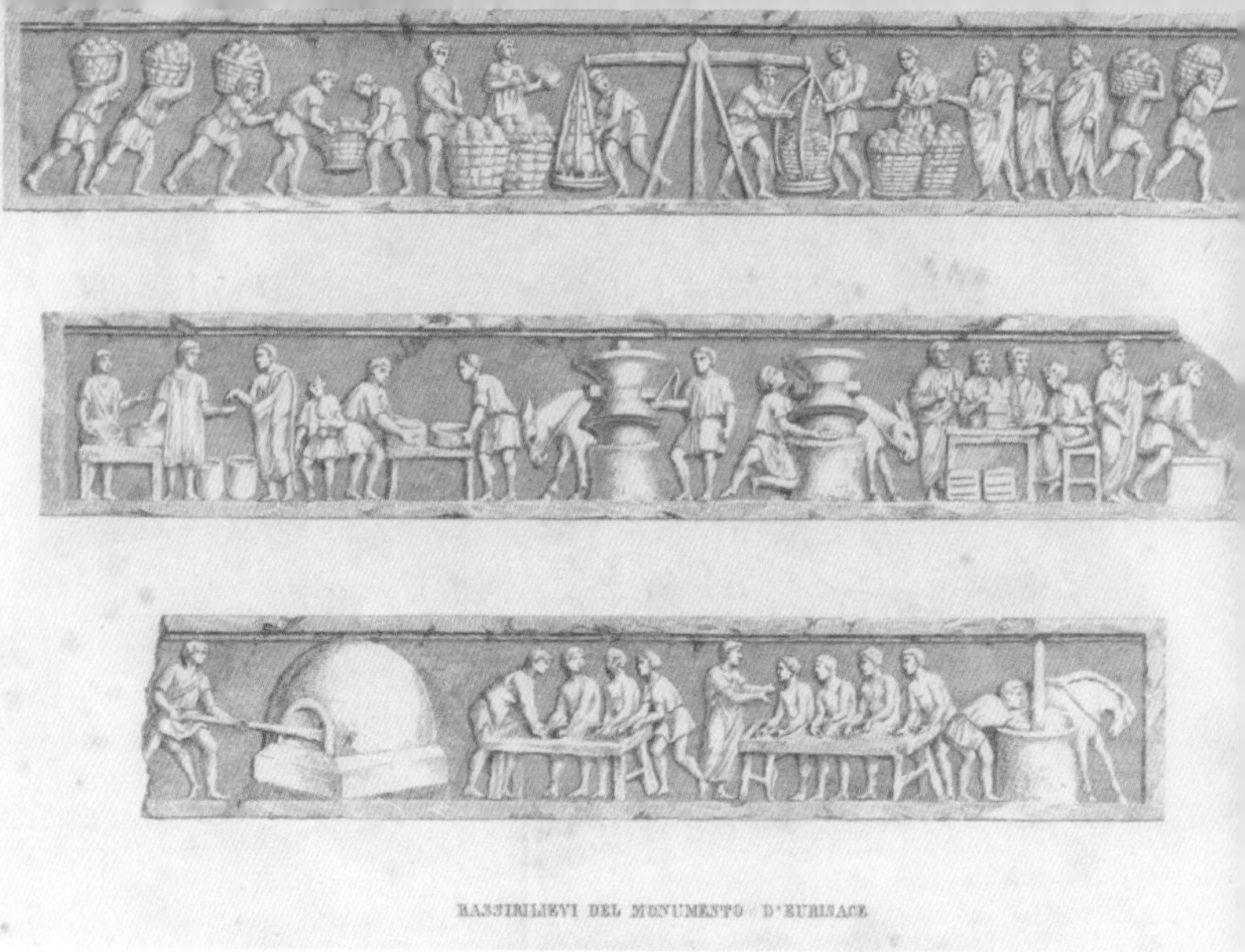

（上）パン作りの工程を描いたレリーフ。ポンペイの遺跡には、ここに記されているようなひき臼やパン焼き窯が残っている→ P. 93（下）豚の形のパイ焼き鍋。食を楽しむローマ人の暮らしが見て取れる* → P. 230

採石場から割り出された大理石の塊を切断する様子。大理石は彫刻やモザイクや建材などに使われ、ローマの街を彩った　→ P. 208

大理石は産地によって色や模様がさまざまである。イタリアだけではなく、ギリシアやフランス、トルコ、アルジェリアなど各地から集められた*　→ P. 207

（左）ガラス職人エニオンによる水差し。美しい模様が描かれている。エニオンの作品は地中海全域で見つかっており、当時の経済活動の活発さを思わせる
→ P. 217

（右、下）ローマはエトルリア文明から銅の加工技術と資源を継承した。硬貨、武具、アクセサリー、医療器具、調理器具、彫刻など、さまざまなものが銅で作られた。写真は青銅製の平鍋。繊細で美しい装飾が施されている*
→ P. 226

フレスコ画の鳥。フレスコ画は一般家庭や公共建築物にも描かれた* → P. 212

フレスコ画に使う顔料。これを水で溶き、漆喰が乾かないうちにすばやく描いた
→ P. 212

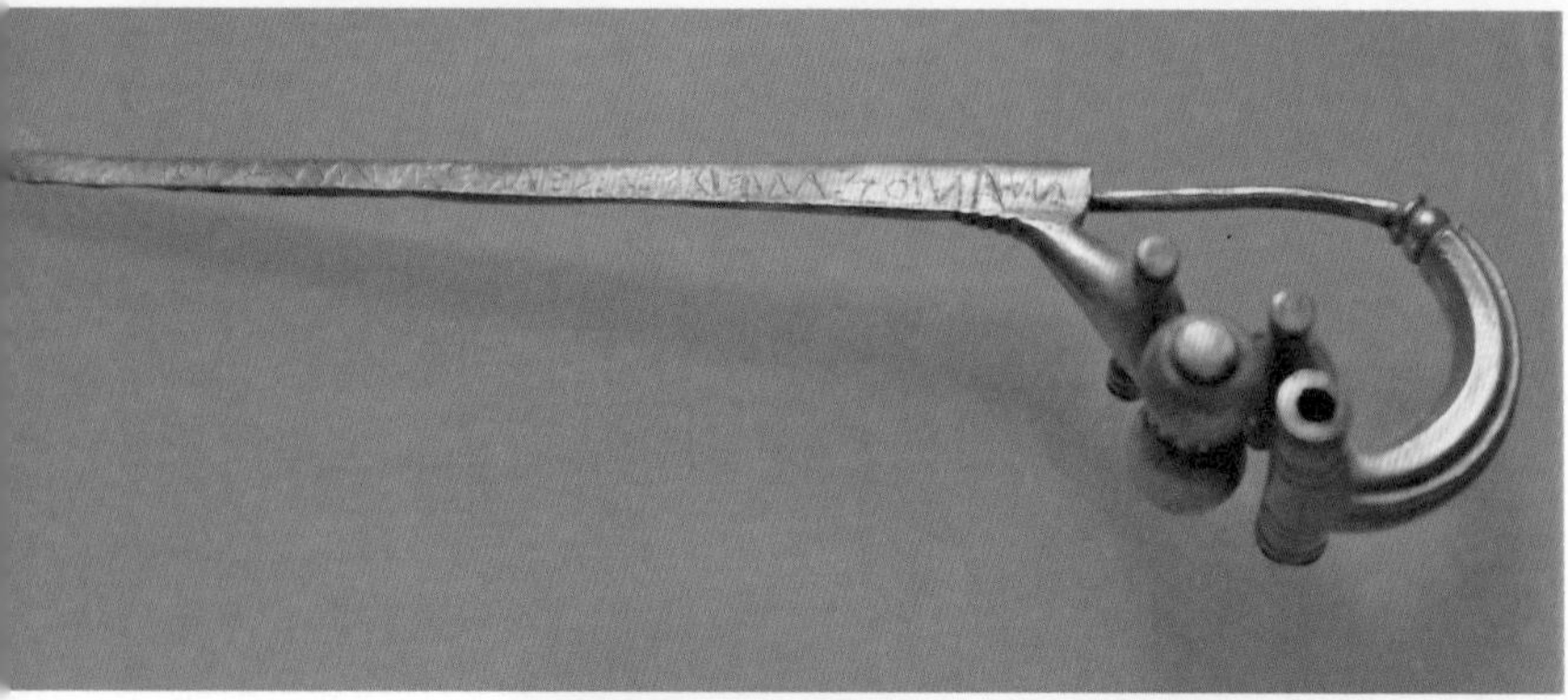

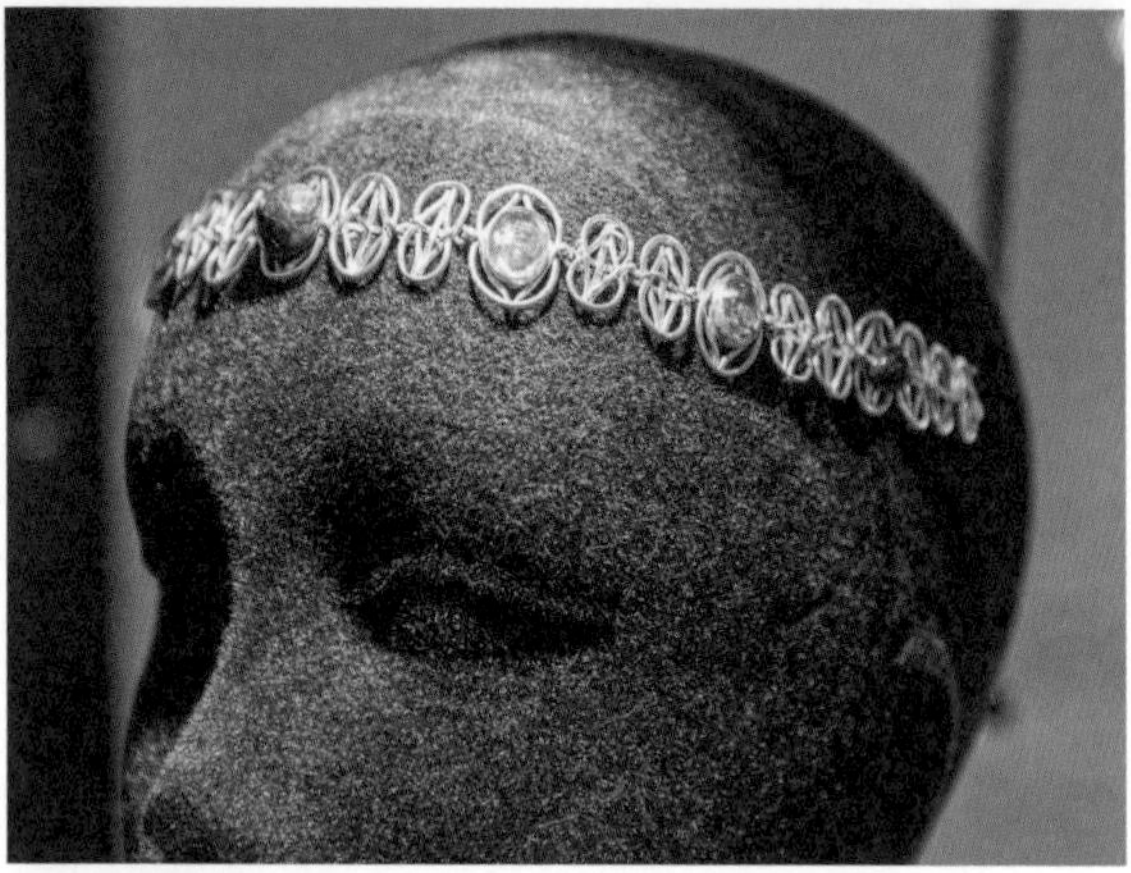

（上段）フィブラと呼ばれるブローチ。現存する最古のラテン語とされる文字が刻まれている　→ P. 201　（中段）女性用の冠。ローマ人は、ブローチや指輪、ネックレス、髪留めなどさまざまな装飾品で身を飾った　→ P. 199　（下段）男女ともに下着をつけていた。写真のモザイク画には、ビキニをつけた女性が描かれている　→ P. 222

戦車競走の様子。戦車競走は、ローマでもっとも人気な娯楽である。厩舎ごとに白・青・緑・赤の四組に分かれ、それぞれが数台の四頭立て、あるいは二頭立て馬車を走らせて競った　→ P. 154

剣闘士の戦いも、ローマ人を熱狂させた。剣闘士には奴隷が多かったが、多額の賞金と名声を求めてみずから志願する者もおり、マッチョな戦士は観衆の人気を集めた　→ P. 158

96 年 10 月 10 日に発行された、とある兵士の除隊証明書。兵士の入隊、除隊の記録は詳細につけられていた　→ P. 164

ワインなどを入れて運ぶ、アンフォラと呼ばれる壺。酒は宗教儀式に欠かせないものであり、生活の楽しみとしても飲まれた。「酒を飲む理由ならたくさんある」「酩酊はきみから節度と財産と名誉を奪う」など、酒にまつわる格言やことわざが多く残っている　→ P. 192

はじめに

ひとつの石板がある。レリーフの部分は欠けているが碑文は残されている。それは古代ローマに暮らしていた、ユリア・アゲレという老婆の墓碑だ。

死者の霊のために
松脂《まつやに》商人ユリア・アゲレに捧げる
彼女は八〇歳まで生きた
ユリア・イレネが、奉献にふさわしいこの女性保護者と
自分自身と親族、そして彼らの子孫のために
この墓碑を建てた
（*CIL* VI 9855）

墓碑にはこのような言葉が刻まれている。八〇歳で亡くなったユリア・アゲレの名は、この小さな墓碑に一度登場するだけで、そのほかに素性を知る手がかりはない。だが、この碑文からいくつかのことが推測できる。

「アゲレ」という名前から、彼女はギリシア系だと考えられる。おそらくもとは奴隷で、のちに解放された解放奴隷だろう。この碑文は二世紀頃に建てられたと判断されているので、八〇歳のアゲレが生まれたのは、西暦一世紀の中頃~後半ということになる。そして墓碑の発掘地から、アゲレが暮らしていたのはいまから二〇〇〇年ほどまえの大都市、ローマだったことがわかる。

夫や子の記載がないために、おそらくアゲレに近親者はいなかったのだろう。松脂や樹脂を扱う仕事、「松脂商人」という職業名がアゲレに付けられているから、何十年も前に引退したわけではなく、晩年まで現役で働いていたのだろう。松脂は香料や食品などさまざまな用途で使われていた。だが残されたレリーフには、素足をあらわにした女性のまえに故人が座っている様子が描かれている。このことから、アゲレは松脂を主原料として脱毛に使用する軟膏を作っていたと考えられる[1]。アゲレは脱毛剤の生産販売者、あるいはレリーフのように施術までしていたとするなら、エステティシャンだったのだ。

ユリア・イレネという女性がこの墓碑を建てた。アゲレを「女性保護者」と呼んでいることから、彼女はアゲレの奴隷だったことがわかる。アゲレは商売の手伝いをさせるためにイレネを奴隷として買ったのだろう。

イレネはアゲレから仕事を学び、解放されたあとにも保護者アゲレのもとで働いていた。おそらく事業を受け継いだのも彼女だ。イレネはアゲレと自分の子どもたち、さらにその子孫(孫たち)のためにこの墓を建てたという。彼らは一緒に暮らしていたのかもしれない。子どものいないアゲレにとって、イレネは娘のような存在だったにちがいない。

中央の 47 番　ユリア・アゲレの墓碑[2]

アゲレの墓碑には古代ローマの暮らしを考えるヒントがある。八〇歳という年齢、エステティシャンという仕事、働く女性、奴隷、解放奴隷、墓碑、故人への弔い、家族……。いまはヴァチカンの壁に飾られている墓碑の断片もまた、古代ローマを確かに伝えている。

カエサルや皇帝アウグストゥスのような有名な人物は、華やかにローマの歴史を彩っている。しかし本書は、統治の歴史や法律から古代ローマを知るのではなく、ローマに生きていたさまざまな人に目を向けながら、彼らの暮らしを垣間見たい。ここに取りあげる五〇人は、さまざまな社会階層に属し、あまり知られることがなく、脚光を浴びるような人物ではないかもしれない。伝えられる史料に乏《とぼ》しい者も多く、当時の状況を補いながら暮らしを再現するしかない。しかし、アゲレのようなふつうの人々もまた、古代ローマの文化や社会を形作っていた。懸命に生き、喜びや哀しみをもっていた。そこに暮らしていた人々にまなざしを向けることで、リアリティをもってローマを想像することができるだろう。

ローマはもともとラテン語を話す人々の小さな都市国家だった。やがて周辺地域に影響力を広げ、地中海全域を支配することで大帝国になる。「ローマ」という言葉は、帝国の首都となる都市国家を示すとともに、支配領域全体を示す言葉にもなった。ローマ市民権をもつ「ローマ人」も領域が大きくなるにつれて数を増した。それでも中心は首都にあり、都会らしい日々の暮らしもまたそこにあった。そのため本書ではアゲレのように首都ローマ周辺に住む人々を多く扱うことにした。

ラテン語を話す人々は、さらに昔はずっと遠くの地に住んでいた。おそらく、はるか東方の地域だろう。彼らは紀元前一〇〇〇年頃にイタリア半島のラティウム地方に移動して小さな都市を築いた。そこにはすでに発展した先住民が住んでいた。いくつもの先進的な文明が隣接するなかで、さまざまな文化を吸収し、異文化を融合しながらローマは大きな力を得た。

神話ではアエネアスという英雄がラティウム地方にやってきて、その地の王女と結婚し、その子孫がローマを建国したと伝えられている。

その後、ローマは「王政の時代」、「共和政の時代」、「帝政の時代」と移り変わりながら発展していった。歴史のはじまりは神話・伝承のなかに語られている。どこまでが史実で、どこまでが物語かはわからない。しかし神話が真実を語るものである古代にあっては、その物語にも確かな痕跡が残されているだろう。第一章ではそのような「はじまりの歴史」を扱うことで、ローマの文化的・宗教的・社会的な礎《いしずえ》を考えたい。

第二章以降では共和政末期（前一世紀頃）から帝政初期（後二世紀頃）の人物を中心に取りあげる。ローマが大きく発展した時期で、キリスト教が勢力をもつ以前の時代だ。

この頃、首都ローマは大都市になった。世界中から多くの人や物がもたらされて活気にあふれていた。経済的な格差も広がった。裕福な者は豪邸をかまえ、貧しい家族は小さなワンルームに身を寄せていた。どちらもローマをつくりあげ、文化を担う人々だ。どちらかを排除することなく、なるべく多様な生活スタイルを扱いたい。そのために、「衣食住」「生活」「働く人」「学術・技術」という着眼点に分けて章立てをおこなった。各項目でひとりずつ、ときには数人、あるいは人間以外の存在からも日常の営みを眺めることになるかもしれない。神々や祭儀はローマを理解するうえで無視することのできない要素だから。

またこの本を読むときに知っておきたい「十のこと」と「十の人」を、本文に先立ってまとめた。本書はふつうの人々を中心に扱うので、「古代ローマの本」に欠かせないような際立った出来事や人物について詳細に述べることはしないが、いくつかの事柄ついては前提として知っておく理解が深まるため簡単に説明を加えた。

首都ローマの地図、イタリアと古代ローマ世界の地図に記されている地名は、各章に登場する場所に限定している。本書は碑文や歴史書や文学作品などの文字資料から人々の暮らしに思いをめぐらせるとともに、写真や図版を積極的に活用している。視覚的な情報もまた古代を想像する手助けをしてくれるだろう。

では、人々の生き方や暮らしを知る手がかりを探すために、五〇人の物語をひもといていこう。彼らは歴史に残る小さな点にすぎないかもしれないが、その点の集合が古代ローマを描き出すひとつの絵になるよう願いながら。

目次◆古代ローマ　ごくふつうの50人の歴史――無名の人々の暮らしの物語

第1章　ローマのはじまりの歴史

第2章　衣・食・住事情

第3章 日常生活をのぞき見る

第4章　働く人たち

第5章 学術・技術の担い手

この本を読むときに知っておきたい10のこと

1 首都ローマ

「ローマ」は、帝国の首都を意味するとともに、帝国全体を表す言葉であるが、本書が「ローマ」というときには基本的には首都ローマやその周辺の地域を示している。

→P.32 地図

2 古代ローマの歴史

紀元前 753 年に建国し「王政の時代」が始まった。前509年に王を追放して「共和政の時代」となる。共和政末期に起こった「内乱」を平定し、オクタウィアヌスにアウグストゥス（尊厳者）の尊称が与えられた前27年から「帝政の時代」と呼ばれる。

3 ローマに暮らす人々

住人は大きく 2 種類に分かれる。自由人と奴隷だ。奴隷は主人に従属する存在であったが、一定の条件を満たすと解放された。自由を得た人々を解放奴隷と呼ぶ。

4 元老院とローマ市民

元老院は国の政治を実質的に司る官僚組織。終身の元老院議員によって構成された。ローマ市民はローマ法が適応される地域のなかで市民権を有する人々を指す。

5 執政官（コンスル）

最高の権力を保持する公職。民会で選出され、命令権（インペリウム）を有する。ただし権力の集中を防ぐために、定員は２名、任期は１年と定められている。

6 ラテン語

ローマ人が話していた言語で、ローマの公用語。ラテン文字は、ローマ字とも呼ばれているアルファベット。ラテン語で書かれた作品をラテン文学と呼ぶ。

7 ポンペイ

ナポリ近郊の都市。79 年にヴェスヴィオ山の噴火により火砕流で地中に埋もれたため、当時の街並みや暮らしの痕跡がいまも残っている。近隣の町ヘルクラネウムも同様に埋没した。 →P.34 地図

8 オスティア

ローマの港町で海上貿易の拠点。ティレニア海に面した都市で、ローマとはティベリス川（現テヴェレ川）で結ばれていた。 →P.34 地図

9 古代ローマの宗教

ユピテルを最高神とする多神教。中心となる神々は、ギリシア神話に登場する神々と習合し、同一視されていた。また、ローマは拡大するなかでエトルリアやエジプトなどの神々も取り入れていった。

10 墓碑と*CIL*

個人の墓が建てられ、墓碑に生前の様子や建立者の思いなどが記されていた。『ラテン碑文集成（*CIL*）』はラテン語で記されたすべての碑文を網羅的に掲載しようと編纂されたシリーズ。

この本を読むときに知っておきたい10の人

1 キケロ
前106 - 前43年

マルクス・トゥッリウス・キケロ。共和政末期に活躍した政治家・修辞学者・哲学者・文筆家。法廷弁論、演説、哲学書、書簡集など、多くの本を執筆した。

2 ポンペイウス
前106 - 前48年

グナエウス・ポンペイウス・マグヌス。共和政末期の政治家。早くから軍人として活躍し、人気を得て有力者となった。カエサルとの権力闘争のすえ、エジプトで暗殺された。

3 カエサル
前100 - 前44年

ガイウス・ユリウス・カエサル。共和政末期の政治家。ポンペイウスやクラッススなどと権力闘争をおこない、内戦のすえ権力を掌握して独裁体制を築いたが暗殺された。エジプトの女王クレオパトラを妻とした。

4 ウェルギリウス
前70 - 前19年

プブリウス・ウェルギリウス・マロ。ローマ建国の叙事詩『アエネイス』を作った、古代ローマを代表する詩人。ほかに『牧歌』と『農耕詩』を書いた。

5 オクタウィアヌス（アウグストゥス）

前63 - 後14年

カエサルの養子。内乱をおさめ、「ローマの平和」と呼ばれる時代を築いた。アウグストゥス（尊厳者）の尊称を得て初代ローマ皇帝となる。妻はリウィア・ドルシッラ。

6 リウィウス

前59頃 - 後17年

ティトゥス・リウィウス。142巻の大著『ローマ建国史』を記した歴史家。都市ローマの神話・伝説的な誕生から同時代（アウグストゥスの治世）までの歴史を描いた。

7 ホラティウス

前65 - 前8年

クィントゥス・ホラティウス・フラックス。『カルミナ（歌集）』『談話集』『書簡詩』などの作品のなかで、日常のさまざまな出来事や機微をうたいあげた抒情詩人。

8 オウィディウス

前43 - 後17年頃

プブリウス・オウィディウス・ナソ。恋愛詩で名をはせた。叙事詩『変身物語』には250編以上の変身にまつわる神話が、『祭暦』には祭事の起源や関連する神話が語られる。

9 プリニウス

23 - 79年

ガイウス・プリニウス・セクンドゥス。『博物誌』を記した学者であり軍人。ヴェスヴィオ山が噴火したとき、司令官としてポンペイの救助に向かい被災して亡くなった。同名の息子（小プリニウス）と区別して大プリニウスと呼ばれる。

10 プルタルコス

46頃 - 120年以降

ギリシア人の歴史家・著述家。古代ギリシア・ローマの著名な人物の伝記『英雄伝（対比列伝）』や、政治や哲学などを論じた『モラリア（倫理論集）』などを書いた。

首都ローマの地図

ティベリス川は北から南に流れる。7つの丘を囲む内側の「セルウィウスの城壁」は紀元前6世紀に造られたと伝わる。外側の「アウレリアヌスの城壁」は3世紀に建造された。ティベリス川とカピトリヌスの丘のあいだはマルスの野と呼ばれる平地。都市の中心はローマ広場（フォルム・ロマヌム）だった。

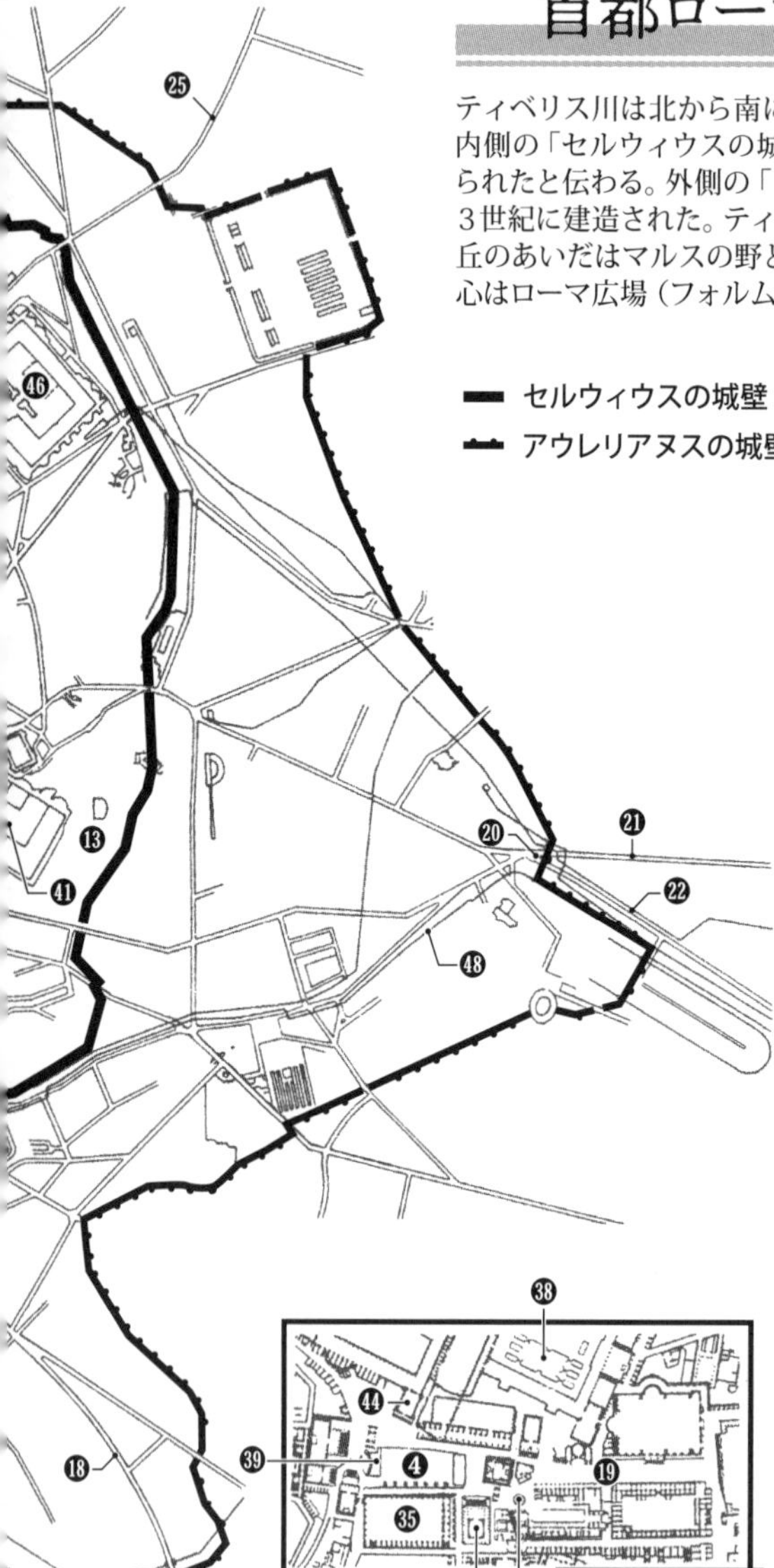

1 ティベリス川
2 カピトリヌスの丘
3 マルスの野
4 ローマ広場
5 ヤニクルムの丘
6 ウェラブルム地区
7 牛広場
8 パラティヌスの丘
9 アウェンティヌスの丘
10 ホルトルムの丘
11 クィリナリスの丘
12 ウィミナリスの丘
13 オッピウスの丘
14 フラミニア街道
15 フォンティナリス門
16 トゥスクス街
17 カペナ門
18 アッピア街道
19 聖なる道
20 プラエネスティナ門
21 プラエネスティナ街道
22 ラビカナ街道
23 サンダリアリウス街
24 ロングス街
25 ノメンタナ街道
26 ルクッルスの邸宅
27 ハドリアヌスの霊廟
28 パンテオン
29 ポンペイウス劇場・庭園
30 タルペイアの岩
31 アポロン神殿
32 キルクス・マクシムス
33 ガルバ倉庫
34 カラカラ浴場

㉟ バシリカ・ユリア
㊱ カストルとポルクスの神殿
㊲ ウェスタの神殿
㊳ 平和の神殿
㊴ セプティミウス・セウェルスの凱旋門
㊵ コロッセウム
㊶ トラヤヌス浴場
㊷ ウェヌスとローマ神殿
㊸ トラヤヌスの広場
㊹ 元老院議事堂
㊺ ユピテル神殿
㊻ ディオクレティアヌス浴場
㊼ アッピア水道
㊽ クラウディア水道
㊾ ウィルゴ水道
㊿ アグリッパ浴場

イタリアの地図

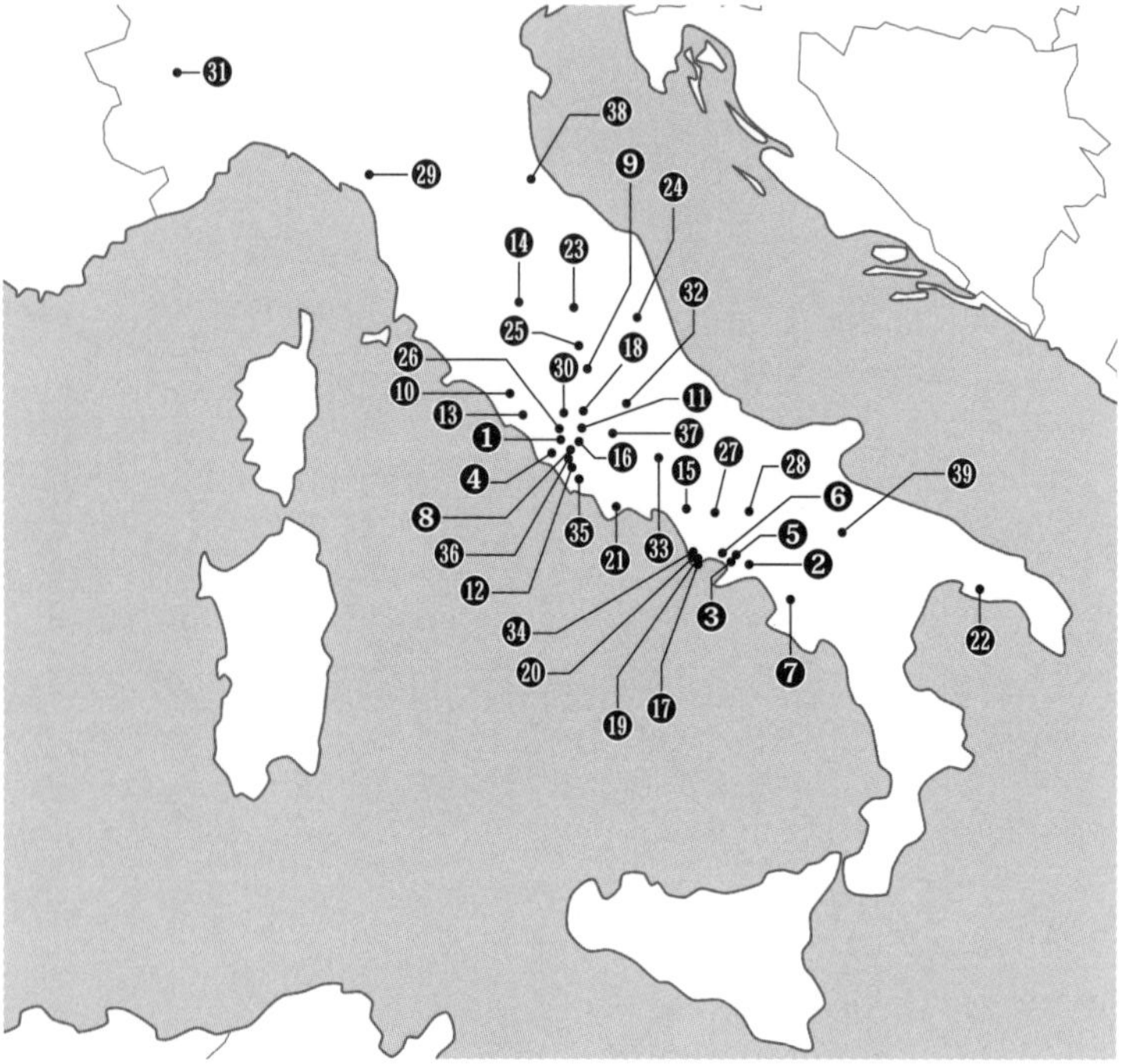

❶ ローマ
❷ ポンペイ
❸ ヘルクラネウム
❹ オスティア
❺ ヴェスヴィオ山
❻ ネアポリス（現ナポリ）
❼ パエストゥム
❽ アルバ・ロンガ
❾ クレス
❿ タルクィニイ
⓫ コラティア
⓬ アルデア
⓭ カエレ
⓮ クルシウム
⓯ ファレルヌス山
⓰ トゥスクルム
⓱ ミセヌム
⓲ ノメントゥム
⓳ バイアエ
⓴ ルクリヌス
㉑ キルケイイ
㉒ タレントゥム
㉓ ウンブリア地方
㉔ ピケヌム地方
㉕ インテラムナ
㉖ アンナ・ペレンナの聖なる泉
㉗ カプア
㉘ ベネウェントゥム
㉙ ルナ
㉚ プリマ・ポルタ
㉛ アウグスタ・タウリノルム
㉜ カエルレウスとクルティウス
㉝ アルピヌム
㉞ プテオリ
㉟ アンティウム
㊱ アリキア
㊲ プラエネステ
㊳ ルビコン川
㊴ ウェヌシア

古代ローマ世界の地図

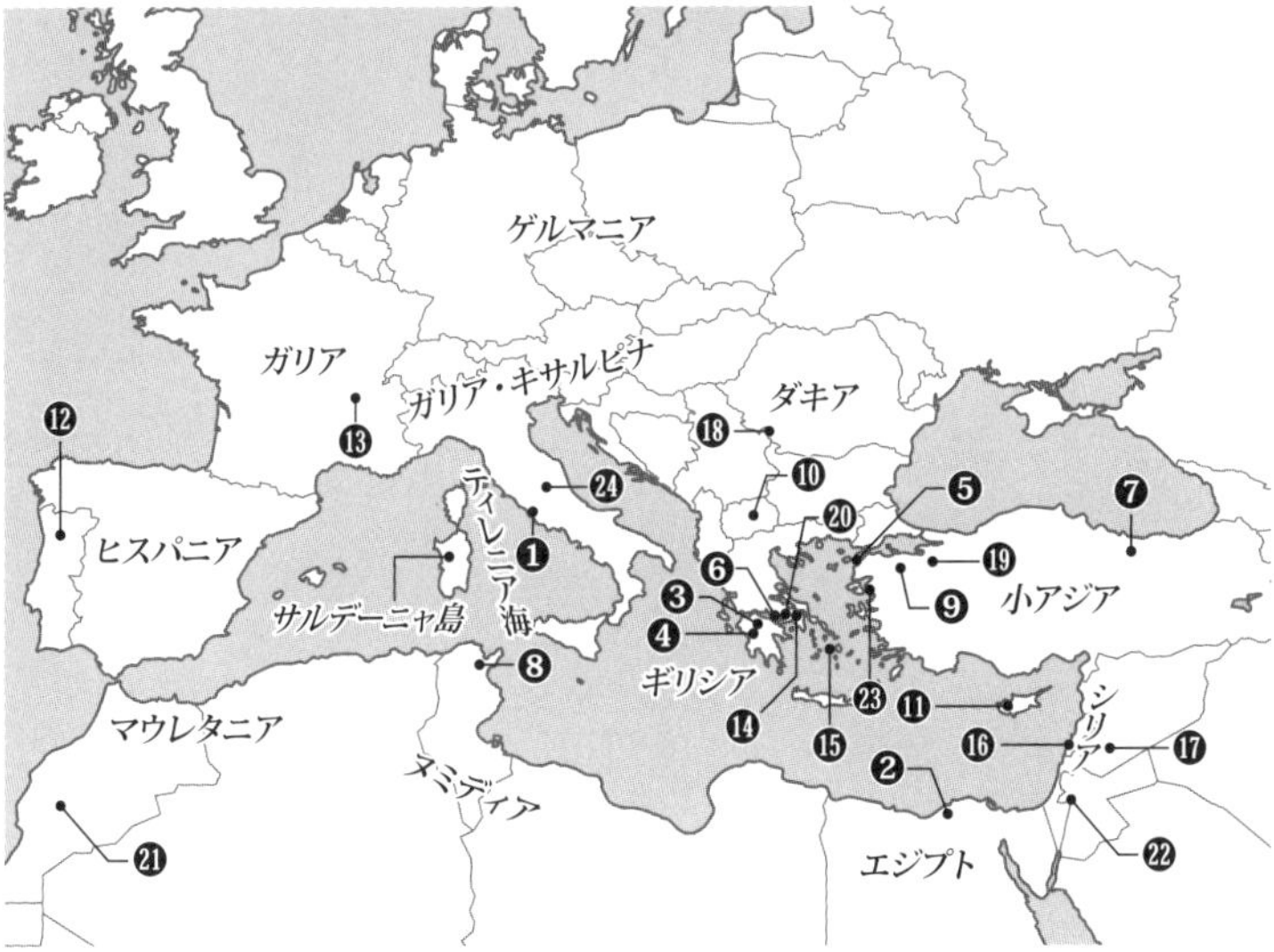

❶ ローマ
❷ アレクサンドリア
❸ アルカディア
❹ パランティオン
❺ トロイア
❻ コリントス
❼ ケラスス
❽ カルタゴ
❾ ミュシア
❿ マケドニア
⓫ キプロス
⓬ ルシタニア
⓭ ルグドゥヌム
⓮ ヒュメットス山
⓯ パロス島
⓰ シドン
⓱ ダマスカス
⓲ トラヤヌス橋
⓳ ビテュニア
⓴ アテナイ
㉑ アトラス山
㉒ エルサレム
㉓ ペルガモン
㉔ アペニン山脈

※両ページとも地形、国境線は現在のもの

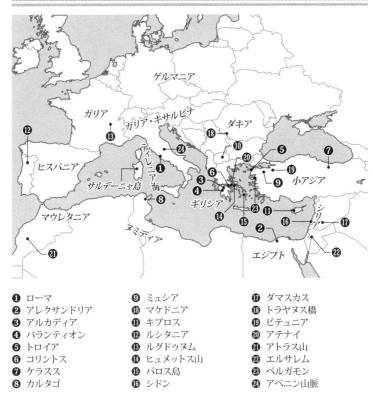

古代ローマ　ごくふつうの50人の歴史

——無名の人々の暮らしの物語

〔凡例〕

・ラテン語の地名・人名等の表記について、母音の長音は原則として短くするが、長音表記が一般的である場合には例外として音引きを付すこととした。また促音については慣例に従って一部省略した。

・「＊」記号のある画像資料は筆者撮影を表す。

第1章　ローマのはじまりの歴史

エウアンドロス――ローマ建国の種となったギリシア人〔前一三〇〇年頃？〕

ローマはイタリア・ラティウム地方のティベリス川（現テヴェレ川）のほとりにある「七つの丘」の上に築かれた。紀元前六世紀にセルウィウス王が七つの丘を囲むように、全周およそ一一キロメートルの市壁を造ったと伝えられている。市壁内の面積は二・四六平方キロメートルだ。ちなみに山手線の内側がおよそ六三平方キロメートル、七九四年に遷都《せんと》された平安京は二三・四平方キロメートル、奈良公園がおよそ五平方キロメートル、東京ディズニーリゾートが二平方キロメートルだ。のちに地中海全域を支配したローマは、テーマパークを少し大きくしたくらいの小さな都市だった。

七つの丘のひとつには、ローマが建国されるよりもはるかむかし、小さな町があった。その町の創建者がエウアンドロスだ。彼はギリシアのアルカディア地方から移り住んだ人物で、出身地のパランティオンにちなみ、その町をパランテウムと名付けた。のちにローマが誕生したとき、そこが「パラティヌスの丘」と呼ばれるようになる。やがて丘には皇帝や貴族の屋敷が建てられ、ローマ帝国の中心となる。現代のイタリア語ではパラティーノの丘と呼ばれ、いまでも古代の遺跡群が残る。

パラティーノの丘に残る古代遺跡群*

エウアンドロスは伝説上の人物だ。父は神であるメルクリウス（ヘルメス）、母は予言と出産の女神カルメンティスとされる。エウアンドロスはギリシアからイタリアに文化を移入した英雄とみなされていた。ギリシアから文字をもたらし、神々や祭儀を取り入れた（ヒュギヌス『ギリシャ神話集』二七七）。彼に由来する祭りのひとつは、農耕神ファウヌス（パン）に捧げられるルペルカリア祭（二月一五日）だ（オウィディウス『祭暦』第二巻二六七行以下）。これはバレンタインデーのもとになった祭儀であるともいわれる。パラティヌスの丘のふもとに洞窟があり、そこが祭りの中心となった。

エウアンドロスの神話が描くように、ローマ以前にイタリアには土着の民衆が住み、多様な文化があった。とりわけ南イタリアではギリシア人の移住活動が活発におこなわれ、

ペストゥムに残る古代ギリシアの遺跡、ヘラ神殿　©Norbert Nagel/Wikimedia Commons

ギリシア文化の影響が強く及んでいた。たとえばネアポリス（現ナポリ）は前六世紀にギリシア人によってつくられた。「ネアポリス」という名称は「新しいポリス（都市国家）」という意味のギリシア語に由来する。ナポリからさらに南に一〇〇キロほど離れたパエストゥム（現ペストゥム）もまたギリシア人の都市で、前六世紀頃に建設された。荘厳なドーリス様式で造られた古代ギリシアの神殿がいまも残されている。

ローマはギリシアを含むさまざまな文化を取りこみながら拡大していった。文化の融合は神々の性質にも表れている。たとえばローマの神メルクリウスとギリシアの神ヘルメスは同一の神であるとみなされ、ローマ土着の農耕神ファウヌスはギリシアの神パンと同一視されるようになった。

エウアンドロスが老年になった頃、アエネ

アスという英雄がやってくる。アエネアスはトロイア戦争でギリシア軍に敗れたあと、故国トロイアを逃れてイタリアまで落ちのびた（トロイア戦争はギリシア神話に描かれる最大の戦争で、小アジアにあるトロイア王国にギリシア連合軍が戦いを挑む。英雄たちが活躍し、「トロイの木馬」の計略でギリシア軍が勝利した）。やがてアエネアスはエウアンドロスの手助けにより、ラティウム地方の王女と結婚した。ふたりの子孫が、のちにローマを創建することになる（↓四五ページ図）。アエネアスはローマ建国の祖となる英雄であり、その雄姿は古代ローマを代表する詩人ウェルギリウスの叙事詩『アエネイス』に描かれた。

　アエネアスはトロイア（現トルコ）の出身で、アジア人だ。イタリアに着いて結婚したラティウム地方の王女はラテン人、ふたりを引きあわせたエウアンドロスはギリシア人だった。このように、ローマ建国神話においてローマ人はアジアとラティウムの混血によって誕生したと伝えられる。これはローマを理解するうえで重要な観点だろう。ローマは混血に代表されるような多様性を重視したのだ。

　エウアンドロスはローマの礎《いしずえ》となるイタリア・ギリシア・トロイアを結びつける絆《きずな》となった。彼は神話上の人物であるが、現実の歴史とも結びついている。ローマは異文化に寛容さを示し、多様な人々や技術を受け入れることで拡大することができた。さまざまな人が暮らす文化に、ローマのおもしろさがある。

レア・シルウィア――ロムルスとレムスの母〔前八世紀頃〕

レア・シルウィアはアルバ・ロンガという都市に生まれた。アエネアスの子孫ヌミトル王の娘だ。やがて、このヌミトル王と弟アムリウスのあいだに権力闘争が起こり、弟アムリウスが兄ヌミトルから王権を奪い取った。凶悪なアムリウスは兄の後継ぎとなりうる息子をすべて殺し、娘であるレア・シルウィアをウェスタの巫女《みこ》にした。

ウェスタというのは、かまどの女神だ。家の中心にあるかまどを司る処女神で、家や家族の守り神とされた。国家もまたひとつの家とみなされていたために、国の中心にウェスタの神殿が建てられた。その神殿をかまどに見立てて、なかで火を絶やさずに燃やしていた。巫女は処女の誓いを立てて女神ウェスタに仕え、神殿の火の管理をおこなっていた。新王アムリウスはレア・シルウィアを巫女にすることで、自分の王位を脅かす男子が生まれるのを阻もうとしたのだ。

レア・シルウィアは誓いを守りながら数年のあいだ巫女を務めていた。ところが戦闘の神マルスが美しいレア・シルウィアに好意を寄せる。ある朝、彼女は水くみのために川を訪れて、柳の木陰で鳥のさえずりを聞きながら眠りにおちてしまった。そこにマルスがやってきて、寝ている彼女と交わった（オウィディウス『祭暦』第三巻）。レア・シルウィアはマルスとのあいだに双子を

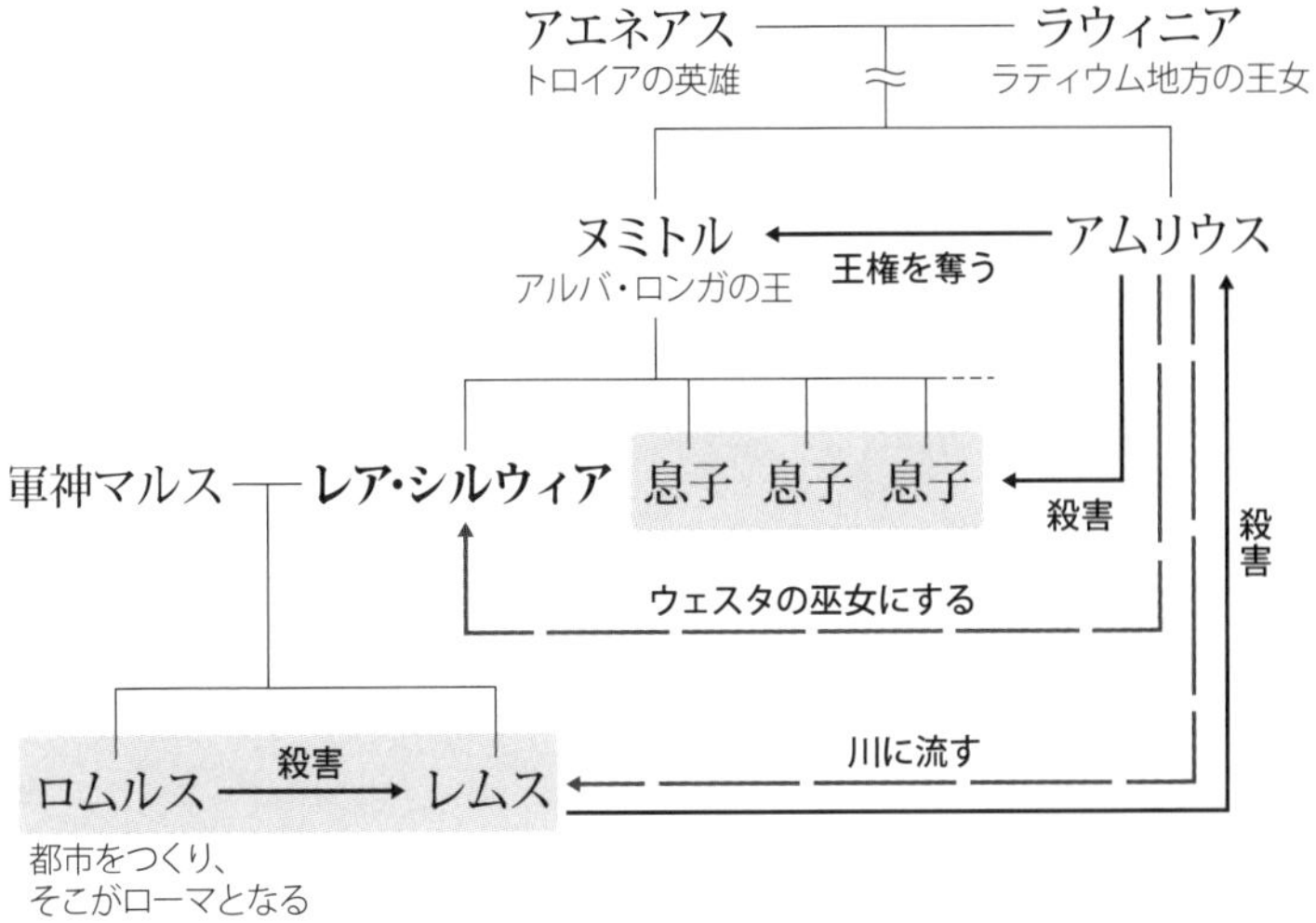

英雄アエネアスから連なる系譜

宿し、時がめぐって産まれたのがロムルスとレムスだった。

　アムリウス王は双子の誕生を知ってレア・シルウィアを捕らえ、ロムルスとレムスを籠《かご》に入れてティベリス川に流してしまった。しかし、運命はローマ建国へと双子を導く。籠はパラティヌスの丘にほど近い川の浅瀬、イチジクの木の根元にたどり着いた。そこに雌狼がやってきて双子に乳をやり、啄木鳥《きつつき》が食べ物を与えて生きのびたという。狼と啄木鳥はマルスの聖獣だったので、命を助けるように神意が働いたのかもしれない。ロムルスとレムスに乳を与える雌狼の姿はローマのシンボルマークになっている。

　狼と啄木鳥が双子を育てている様子を羊飼いのファウストゥルスが見つけ、ふたりを抱きあげて連れて帰り、妻アッカ・ラレンティアとともに育てた。ロムルスとレムスはたく

《眠るレア・シルウィアとマルス》ナポリ国立考古学博物館*

ましく成長した。やがて自身の素性を知ると、粗暴な王アムリウスを殺して復讐を果たし、祖父ヌミトルをふたたびアルバ・ロンガの王座につかせる。一方、自分たちは新しい都市を建設することにした。ところが双子は争うようになり、ついには決闘のすえ、ロムルスはレムスを殺してしまう。ロムルスが建てた都市が、その名にちなんでローマとなる。それは、紀元前七五三年四月二一日のことであり、この日がローマ建国の記念日となった。

レア・シルウィアの行くすえには諸説ある。双子を産んだときに殺されたとも、あるいは幽閉されていてロムルスとレムスに助けられたとされる場合もある。おそらく古い伝承では彼女の結末が語られることはなかったために、後日談としていくつかの物語が生まれたのだろう。[1] 救出説はローマ建国者の母にはふさわしいようにも思われる。しかし、神話は

ロムルスとレムスに乳を与える狼像《カピトリヌスの雌狼》カピトリーニ美術館*

すべての出来事を語るわけではない。むしろ語らないことによって、レア・シルウィアがロムルスの母であること、そしてマルスと交わったことが印象づけられる。神に無理やり求められ子を宿すという型は、神話によくみられる。歴史への神々の介入を顕著に表している。ローマには軍神マルスの血が受け継がれているのだ。

ローマはギリシアと同じように多神教の文化だった。もともとイタリアに定住していた人々の宗教。あとから移り住んできたラテン語を話すローマ人（ラテン人）の神々。さらにギリシアやエジプトなど異文化の影響を受けながら、ローマの文化は形成された。とりわけギリシア神話との結びつきは強く、ローマの神々はギリシアの神々と習合し、ギリシア由来の祭儀や神話を取り入れていった。

マルスもまた、同じ性質をもつギリシアの軍神アレスと同一視された。だがマルスはロムルスの父ということからもわかるように、ローマとの関係は深く、古くから崇拝の対象だった。ローマの市壁とティベリス川のあいだにある平原は「マルスの野（カンプス・マルティウス）」と呼ばれていた。現代ローマの中心地（カンポ・マルツィオ）でもある。この場所では軍事訓練がおこなわれていたので、軍神の名が付けられた。

ローマの祖たるロムルスは、軍神とレア・シルウィアから誕生した。ローマは、その荒々しい戦闘気質を歴史に受け継ぐことになる。

タルペイア――ローマを裏切った娘〔前八世紀〕

カピトリヌスの丘（現カンピドリオ）に「タルペイアの岩」がある。この岸壁は共和政ローマの時代に処刑場として使われていた。ローマを裏切った娘がその岩の名の由来である。

ローマを建国したロムルスは、カピトリヌスの丘にアシュルム（避難所）と呼ばれる聖林を定めた。現代の英語でもasylumは亡命や保護を意味するが、この場所はいかなる罪人であっても、駆けこめば保護される神聖な場所だった。そのために得体の知れない荒っぽい男たち、ならず者どもが各地から集まった。ロムルスは彼らを市民として受け入れることで、人口を増やし、兵力を増強しようともくろんだのである。

ローマはこうして力を手にし、周辺地域との戦闘にも勝利をおさめた。しかし、男ばかりの集団に女性は少なく、子孫を残すことができないため、ローマ建国伝説のなかでも悪名高い計画を実行することになる。それはこんなふうにおこなわれた。馬の神コンススと同一視されたネプトゥヌスのための競技祭（コンスアリア祭）を開くと嘘をつき、周辺のサビニ諸部族から人々を招いた。開催の合図とともに喊声《かんせい》と悲鳴がとどろき、男たちは駆け出してサビニ族の娘を奪い去ったのだ。混乱と暴力のなか、残された親たちは悲嘆の声をあげ、祭儀と偽り蛮行におよんだロー

タルペイアの岩*

マ人を非難し、「神の掟と人の信義にたいする裏切りがおこなわれた」と神に訴えかけた（リウィウス『ローマ建国史』第一巻八〜九）。

　ロムルスは連れ去った娘たちに、市民身分の保障と丁重な扱いを約束して怒りをしずめたと伝えられている。しかし、ロムルス自身が罪であると認めるように、当然ながらこの略奪はサビニ族の復讐心を駆りたてた。好戦的で、誇り高く、恐れ知らずのサビニ族は、ティトゥス・タティウス王のもとに集まり、ローマと戦争を始めた。だがサビニ族であっても強力なローマを落とすのは難しい。とりわけカピトリヌスの丘は堅牢な砦《とりで》になっており、容易には近づけなかった。そこでタティウス王は策を講じる。砦の守備隊長スプリウス・タルペイウスの若い娘タルペイアを買収したのだ。

　タルペイアは夜になると砦の門を開いて、敵の軍勢をなかに入れてしまった。そして見返りとして約束していたサビニ族の「左腕のもの」を要求した。サビニ族は腕に黄金の腕輪をはめており、タルペイアはそれを欲したのだ。タティウス王はタルペイアの求めにうなずきながら、腕輪ではなく、左腕に持っていた盾を彼女めがけて投げつけた。ほかのサビニ兵たちも続けて盾を投

ジャック＝ルイ・ダヴィッド《サビニの女たち》。背景にはタルペイアの岩も描かれている　1799年、ルーブル美術館

げつけたので、彼女は押しつぶされて死んでしまった。

タルペイアは黄金に目がくらんでローマを裏切ったと一般には考えられているが、ローマの詩人プロペルティウスは恋の物語を伝える（『エレゲイア』第四巻四）。女神ウェスタの巫女であったタルペイアが、貞節を守るという巫女の誓いを破り、敵であるタティウス王に恋をして裏切りに及んだというのだ。愛、欲望、裏切り、死。理由はどうであれタルペイアの行為によってローマの運命は大きく変わることになる。

ローマは要《かなめ》となる砦を奪われ、サビニ族と存続をかけた最終決戦を始める。両軍は勢いよくぶつかりあい、戦闘は激化した。ところが、槍の飛びかうなかに、略奪されたサビニの婦女たちが分け入った。髪を振り乱し、幼子を抱きながら。サビニ人の父とローマ人の夫が殺しあうことに悲嘆して、仲裁を申し出たのだ。両軍は驚いて手を止め、女たちの勇敢な行為に心打たれて、和解に同意した。ローマとサビニはひとつの民となり、王もロムルスとタティウスのふたりが担うとした。ローマの歴史は略奪と裏切りから始まった。しかし女性の介在によって和解し、繁栄の糸口をつかんだのだ。

ローマは小さな都市国家のひとつにすぎなかった。周辺にはすでに多くの部族が共同体を形成していた。サビニ族もそのひとつで、ティベリス川の流域やアペニン山脈の丘陵地帯を中心に村落をつくっていた。神話で語られるように、地理的に近いローマとは対立と融合をくり返していたと考えられている。ローマで有名な家柄、たとえばクラウディウス氏族やアエミリウス氏族というような貴族にも、サビニ由来の名前をもつ家系は多い。初期の段階からローマにはサビニ人が移り住んでいたことがうかがえる。「従う者には寛容であり、傲慢《ごうまん》な者とは最後まで戦う」という標語が表すように（ウェルギリウス『アエネイス』第六巻八五三）、戦闘と融和はローマの歴史に欠かせない。

タルペイアは死後、カピトリヌスの丘に埋葬された。その付近が、タルペイアの岩と呼ばれるようになる。彼女は建国神話の薄闇を歩く女性であり、裏切りによってローマに大きな転換をもたらした人物だといえよう。

サビニの女たちの略奪の様子は、古代遺跡フォロ・ロマーノにも残されている*

コラム　ローマの婚礼

ギリシア人の歴史家プルタルコスの伝えによると（『テセウスとロムルス』一五）、ローマの婚礼の風習はサビニ娘の略奪神話と関連付けられることが多い。たとえば、花嫁は抱きかかえられながら初夜のベッドに入る。この、いわゆる「お姫様だっこ」は、ローマがサビニの娘を奪い去ったことに由来する。

結婚式では花嫁は婚礼用の髪形をして、トゥニカ・レクタと呼ばれる毛織の白いウエディングドレスに身を包み、花冠と縁起のよい黄赤色のヴェールをかぶり、同じ色のサンダルを履いていた。ウエディングドレスの腰帯は純潔と豊穣を意味する「ヘラクレス結び」で新郎が締めた。婚礼用の髪形は、槍の穂先の形をした櫛《くし》を用いて六つの部分に分けて編みこんでいた。「槍の穂先」もサビニの略奪に由来し、ローマ人の最初の結婚が戦闘と略奪によってな

ローマ時代に作られた英雄イアソンとメデアの婚礼場面のレリーフ。それぞれの右手をつないでいる　2世紀、アルテンプス宮殿*

されたことを表している。

親族や友人が花嫁の実家に集まり、花婿が到着して誓いの言葉が発せられる。そして現在で言えば指輪の交換にあたる行為、花嫁と花婿が右手をつなぐ儀式をおこなって結婚が成立する。犠牲獣が捧げられ、パーティーが開かれる。ローマ帝政期には夫婦は財産に関する結婚契約も交わしたという。その後、結婚式の重要な要素である行進がおこなわれた。これも略奪を模している。松明《たいまつ》行列に先導され、子どもたちをお供に花嫁が花婿の家に導かれる。木の実を贈り物として投げ、歌を歌う。

婚礼では口々に「タラシウス」と叫ぶ習慣があった。これはロムルスが略奪の合図とした言葉であったという説が伝えられている。号令を聞いて、男たちは駆け出し、「タラシウス」と叫びながら妻となる女を略奪したという。別の説では、ローマ人の妻となったサビニの娘たちが、「毛糸を紡ぐこと（タラシア）」以外には夫に労働奉仕しないという取り決めをしたことに由来する。以後、結婚式に集まった人々は、この約束の証人として「タラシウス」と掛け声をかけるようになったという。

婚礼のしきたりは時代や身分によっても異なったが、サビニの伝承が婚礼に受け継がれているように、神話はローマ文化を理解するうえで大切な要素なのである。

ふつうの人々がみな豪華な結婚式を挙げていたわけではない。家族や友人が集まって、ごく簡素な婚礼がおこなわれることのほうが多かっただろう。とはいえ、結婚は夫婦が正式にパートナーになったことを社会的に示すものであり、法的な手続きであるとともに、宗教的な儀式でもあった。結婚式の日取りは吉日が選ばれたし、今日と同じように六月の結婚（ジューン・ブライド）が好まれた。六月は結婚を司る女神ユノ（ジューン）の月であるから。

婚礼は堅固な関係性を結ぶ儀式であるが、しかし最終的に離婚する夫婦もいた。ローマが都市化し、より豊かになった共和政末期からはとくに離婚件数は増えたようだ。離婚は男性からも女性からも申し出ることができた。また再婚する人も多かった。

結婚する人もいれば、別れる人もいる。生涯独身の人もいたし、子をもたない夫婦もあった。政治的な権力をもつ有力者層や皇帝などは政略的な結婚をおこなったし、大恋愛のすえに結ばれる人たちもいる。事実婚を続けるカップルもいたし、同性で暮らす人もいた。古代ローマの人々にとっても、出会いや別れは人生における大きな分岐点であり、それぞれにドラマがあった。

エゲリア——ローマに文化をもたらした女神〔前八〜前七世紀〕

エゲリアはローマで古くから信仰された女神あるいはニンフで、歌の女神カメナたちの一柱と考えられていた。人間に助言を与える女神でもあり、彼女のおかげでローマは文化を手にすることができた。

歴史家リウィウスはエゲリアの住む神聖な森についてこう伝えている。

とある森があった。中央に泉があり、暗い洞窟から絶えることなく湧きでる水でいつも潤っていた。この森はヌマが、女神エゲリアと会うためにといって、人目を忍んで何度も訪れたところであった。ヌマは、カメナたちが彼の妻エゲリアと語らう場所だからという理由で、この森をカメナたちに奉献した。

（リウィウス『ローマ建国史』第一巻二一　岩谷智訳）

この聖林はセルウィウス城壁のカペナ門のすぐそばにあったと伝えられる。大競技場キルクス・マクシムス（現チルコ・マッシモ）の東側、サン・グレゴリオ・アル・チェリオ聖堂の裏に聖林と泉があった。ヌマというのはロムルスに次いでローマの第二代の王となったヌマ・ポンピ

エゲリアとヌマが過ごしたとされる聖林*

リウスのことだ。この森でヌマは、エゲリアとふたりの時間を過ごしていた。

ヌマはサビニ人で、正義感が強く、敬虔《けいけん》な人物として知られていた。ローマの王になるまえ、その徳の高さゆえにサビニ族の王タティウスの娘タティアと結婚することになった。王の娘を娶《めと》ったあとでも、山間にある小さな町クレス（現ファーラ・イン・サビーナ）で静かに暮らしていた。しかし一三年間の結婚生活のすえ、妻とは死別したという。

その後、ヌマは王になるようにと懇願されてローマに移住し、女神エゲリアと愛しあうようになって、結婚してともに暮らした（プルタルコス『ヌマ』四）。彼は女神から多くの助言を得て、神のごとくに賢くなったといわれている。王というとふつうは世襲のイメージがあるが、ローマでは民衆によって選ばれ、認められた人物が担った。しかも生粋《きっすい》のローマ人ではなく、サビニ人から選ばれたというのは興味深い。雑多な人々の集まりからつくられたローマでは、ほかの人々を受け入れるのに抵抗が少なかったのかもしれない。

エゲリアの導きで、ヌマは野蛮な戦争に明け暮れるローマの民に「平和の技術」をもたらした（オウィディウス『変身物語』第一五巻四八三〜八四）。戦闘的なロムルスが王であったとき、ローマは荒くれ者の集団でしかなかったが、ヌマは平和を愛した。ローマに法と祭儀を制定し、人々に平穏と調和をもたらした。戦闘には技術が欠かせないが、平和にもまた技術が必要だ。戦闘の神マルスの子ロムルス。歌の女神エゲリアの夫ヌマ。ローマは二柱の神からふたつの技術を授かり、大きく発展することになる。

ところで、ロムルスとヌマは「暦」をつくったと伝えられている。太陰暦を原型とするもので、各月の最初の日は「カレンダエ」と呼ばれた。カレンダーの語源となる言葉だ。

ロムルスの暦は、三月から一〇ヵ月までの一〇ヵ月だった。三月は「マルスの月」。現在の英語「マーチ」に名前が残る。暦は農業と戦争のために必要だったので、現在の一月と二月にあたる月は必要なかった。三月は農作業のはじまりの時期であり、戦《いくさ》に向かう季節でもある。一〇ヵ月、三〇四日。残りの冬期間には名前がつけられていなかった。

ヌマはロムルス暦の一〇ヵ月に二ヵ月を加えて、一年を一二ヵ月、三五五日と定めた。というのも祭儀は一年を通しておこなわれるものであったから、暦も一二ヵ月分必要だったのだ。しかし太陽を基準とする一年には一一日足りない。そこで二年に一度、二二日分を年の最後に加えた。ヌマのときにもまだマルスの月（三月）が一年のはじまりだったので、最後の月は二月（フェブルアリウス）となる。この、閏日《うるう》が二月末に加えられる習慣はいまも受け継がれている。二月につけられた「フェブルアリウス」という名は、年の終わりの浄《きよ》めの儀式、フェブルアにちなんでいる。暦に関する知恵も、エゲリアがヌマに教えたという（オウィディウス『祭暦』第三巻一五四）。

神々の存在と祭儀の重要性は、ローマを考えるときに欠かすことができない。日常のいたるところに影響を与えていたからだ。

ヌマとエゲリアは幸せに暮らし、ヌマは年老いて寿命をまっとうした。人々はみな王の死を悼んだが、妻であるエゲリアの悲嘆はいっそう大きかった。女神エゲリアは永遠の命をもつために、終わりのない哀しみに苦しんだ。女神はローマを去り、アリキア（現アリッチャ）の深い森に隠れながら、身を横たえてとめどもなく涙を流しつづけていた。するとついに、エゲリアの身体は溶けだして、冷たい泉に姿を変えたという（オウィディウス『変身物語』第一五巻）。エゲリアは泉に変身してやっと安らぎを手にすることができた。

エゲリアは、ヌマをとおしてローマに文化を与えた。平和の技術を授けた。聖林に響く詩神の歌声が、戦いに明け暮れる世界に調和をもたらしたのだ。

ルキウス・タルクィニウス・プリスクス

――永遠の都ローマの礎を築いたエトルリア人　〔前七〜前六世紀〕

タルクィニウスは、エトルリア人の都市タルクィニイ（現タルクィニア、ローマの北西約七三キロ）出身で、第五代目の王となった。野心的な王だったと伝えられており、周辺地域を征服するとともに、ローマ内の都市整備をおこなった人物だ。

タルクィニウスの父デマラトゥスはギリシア人だった。内紛のためにギリシアの都市コリントスを追われ、イタリアのタルクィニイに移住し、エトルリア人女性を娶った。ふたりから生まれたタルクィニウスはこの町で生まれ育ち、タナクィルという女性を妻とした（リウィウス『ローマ建国史』第一巻三四）。

タルクィニウス家はとても裕福だったが、ギリシア人とエトルリア人の混血であったために故郷では立身出世は望めなかった。名家出身の妻タナクィルは野心的で、そのような夫を説得し、一旗揚げるためにふたりでローマに移住することにした。

ローマではすぐに第四代の王アンクス・マルキウスに気に入られ、王の側近として働き、子どもたちの後見人にまでなった。アンクス王は人望があつく、戦争でも内政でも手腕を見せていたが、亡くなったときに息子たちはまだ成人に達していなかった。人気のある王の息子が成人して

キルクス・マクシムスの遺構*

王位を継承しないよう、タルクィニウスは民会の開催を急がせた。王選出の告示がなされると、アンクスの息子たちを狩りに送り出した。そのあいだに遊説をおこない（王位を求めて民衆に演説をしたのは彼がはじめてだった）、支持を獲得して思惑どおり第五代の王となる。

タルクィニウスは即位してまず周辺地域に戦争をしかけ、ローマ南東の小さな町アピオラエを征服した。戦いとしては小規模だったが、持ち帰った戦利品を使ってかつてない豪華な競技会を計画した。パラティヌスの丘のふもと、のちにキルクス・マクシムスとなる場所に競技場を造り、競馬やボクシングの大会を開催した。この競技会は毎年開かれることになった。

タルクィニウスがおこなった重要な事業は、ローマ広場（フォルム・ロマヌム、現フォ

クロアカ・マクシマ*

ロ・ロマーノ）と呼ばれる中央広場を整備したことだ。ここはもともと丘に囲まれた平地だったが、水はけが悪かった。そこで、排水のためにクロアカ・マクシマと呼ばれる下水設備を建設した。タルクィニウスによって基礎工事がおこなわれた頃、おそらく上部は開口していたが、のちに暗渠《あんきょ》になったと考えられている。下水はローマ広場から牛広場（フォルム・ボアリウム）と呼ばれる広場の地下を抜けて、ティベリス川へと流れ出る。その排水溝はパラティーノ橋のそばに現存していて、いまでも水を吐き出している。

ローマは高い建築技術を誇ったが、その技術の多くをエトルリアから継承した。伝説の王タルクィニウスが実存したか否かはわからない。しかし、都市設計の段階で技術提供したのがエトルリア人だということは間違いないだろう。タルクィニウスは下水設備のほかにも、石造りの市壁やユピテル神殿の基礎工事、広場の整備などを手がけた。エトルリアの技術によって永遠の都となるローマの基礎が造られた。多様な民族を受け入れ、さまざまな土地から人々が移住したからこそ、先進的な技術を取りこむことができたのだ。

タルクィニウスには息子と娘がいたが、後継者となったのは王宮で働いていた奴隷の息子セルウィウス・トゥッリウスだった。セルウィウスがまだ幼少の頃、王宮を揺るがす事件が起きる（リウィウス『ローマ建国史』第一巻三九）。ある晩、彼が眠っているときに、頭から炎が立ち上がったというのだ。まわりにいた人々はその光景に驚いて叫び声をあげ、王タルクィニウスと王妃タナクィルも駆けつけた。ある人が水をかけて消そうとしたとき、王妃がそれを制止して命じた。「目覚めるまでは手を出してはならない」と。しばらくしてセルウィウスが目を開けると炎も静かに消えた。これは神の予兆にちがいない。少年は王家と国家の危機を救う存在になるだろう。そう信じて、王はセルウィウスを実の息子のように大切に養育した。

立派な後継者には恵まれたが、タルクィニウスの最後は平穏ではなかった。先王の息子たちはタルクィニウスの策で王位を奪われたことに憤りを感じていた。ついには暗殺者を雇って送りこんだ。タルクィニウスは斧が頭に突き刺さったまま命を落としたという。しかしここで野心家の王妃タナクィルが策を練る。王の死を偽装したのだ。深手を負ったが生きているかのようにふるまい、セルウィウスが王の代理に命じられたと偽る。そのあいだに権力を盤石なものとして、タナクィルの思惑どおりにセルウィウスは王位を継承することになった。このように、タルクィニウスの人生にはつねに妻タナクィルの強い影響があった。

コラム　エトルリア

エトルリア人はローマが建国される以前から、イタリア中部から北部にかけてトスカーナ地方を中心に勢力を誇る先進的な文明を築いていた。多くの都市国家が存在したが、そのうちの一二の都市が中心となって連合を形成した。農業の発展と鉱物の交易で栄え、とりわけ海洋貿易は地中海全域にわたっており、その痕跡は各地に残されている。

この先住民族の言語は、エトルリア語と呼ばれる。ラテン語やギリシア語、あるいは英語のもととなるゲルマン語派や、ケルト語派、スラヴ語派などの、現在のヨーロッパで多く使われている言語はインド・ヨーロッパ語族という同じ系列に属している。ところが、エトルリア語はインド・ヨーロッパ語族とは異なる体系の言語であり、系統は不明のままだ。言語体系についてはいまだ謎も残るが、文字はギリシア文字を改良してつくられたアルファベットを用いていた。エトルリア語はローマによって支配されたあと、徐々に公用語であるラテン語に置き換わり、死語となった。それでも地元では細々と使用されていたらしく、一世紀頃まではエトルリア語でも碑文が刻まれていた[2]。

ローマへの文化的影響については、エウアンドロスの神話にも表れるように、しばしばギリシアが注目される。しかし初期ローマの歴史のなかでは、エトルリアの存在が大きかった。七代続いたローマ王政のなかで、三人がエトルリア系の王であったことからもその一端がうかがえる。また古代ギリシアと比べると女性の社会的地位が高く、夫婦仲のよさが石棺などにも描かれている。宗教的な祭儀や占い、建築や金属加工の技術（↓二二六ページ）、法律、日常の習慣など、文化の基礎となる多くの要素がエトルリアからローマに取り入れられた。

夫婦の石棺　前50年頃、ヴィラ・ジュリア国立博物館*

エトルリアの墳墓から発掘された銅鏡　前5世紀中頃、ヴィラ・ジュリア国立博物館*

ルクレティア——ローマ王政終焉のきっかけとなった女性〔前六世紀〕

ルクレティアはスプリウス・ルクレティウス・トリキピティヌスの娘で、ルキウス・タルクィニウス・コラティヌスの妻だった。住まいは郊外のローマ領コラティアにあった。貞節な女性として有名で、ローマ王政を終焉《しゅうえん》に導いた伝説的な人物だ。リウィウスがその物語を伝えている（『ローマ建国史』第一巻五七以下）。

王政はロムルスから始まり、ヌマ・ポンピリウス（→五六ページ）、トゥッルス・ホスティリウス、アンクス・マルキウス、タルクィニウス・プリスクス（→六〇ページ）、セルウィウス・トゥッリウス（→六三ページ）、タルクィニウス・スペルブスと七代続いた。ルクレティアの頃はタルクィニウス・スペルブスが王だった。タルクィニウスは先王セルウィウスを暗殺して王位を獲得し、権力を振りかざす傲慢《ごうまん》な王だったために、スペルブス（傲慢王）と呼ばれていた。

あるときスペルブス王はローマ軍を引き連れてルトゥリ人の町アルデア（現アルデーア）に戦争をしかけた。ローマの南三三キロに位置する町だ。ルクレティアの夫コラティヌスやスペルブス王の息子セクストゥス・タルクィニウスも遠征に参加していた。アルデアとの戦いは優勢ではあったが持久戦にもちこまれ、兵士たちは町の周囲に陣を張っていた。

傲慢王の息子セクストゥスは美しく貞淑なルクレティアに欲望を募らせていた。そこで陣営を抜け出し、コラティアにあるルクレティアの家に向かった。王の息子が訪ねてきたために、ルクレティアはセクストゥスをもてなしたが、彼は暴挙に出る。剣を突き立てて脅し、欲望を満たそうとしたのだ。ルクレティアは死を恐れず頑《かたく》なに拒んだが、「おまえの死体のわきに奴隷の裸の死体を置いてやる。そうすれば、けがらわしい密通のさなかに殺されたと噂されることになるだろう」という脅し文句に、屈せざるをえなかった。

レンブラント《ルクレティア》1664年、ワシントン・ナショナル・ギャラリー

恥辱を受けたルクレティアは父と夫に対して、信頼のおける人をひとりだけ連れてすぐに来るようにと知らせを送った。父トリキピティヌスはプブリウス・ウァレリウスを、夫コラティヌスはルキウス・ユニウス・ブルトゥスを連れてただちに向かった。そして、ルクレティアが寝室でうちひしがれているのを発見した。

ルクレティアはセクストゥス・タルクィニウスから受けた暴行を伝え、その罰を与えるようにと願う。「女の敵を許しておかぬと、右手をさしのべて誓ってください」そう言い終えると、ルクレティアは懐《ふところ》に隠しておいた短剣を手にして心臓に突き刺した。息絶える姿に、父と夫は声をあげて涙した。怒りに震えながらブルトゥスは傷口から剣を抜き取り、血の滴《したた》るその短剣に四人は復讐を誓った。ルクレティアの亡骸《なきがら》は広場に運ばれ、悪事が明らかになると、痛ましい姿は民衆の怒りを駆りたてた。人々はセクストゥスの暴力を非難するとともに、傍若無人《ぼうじゃくぶじん》な傲慢王への糾弾を始めた。王政転覆を目指す怒りはコラティアの住民から首都ローマの市民にも広がった。ブルトゥスはローマ広場に立って演説する。セクストゥス・タルクィニウスの蛮行、ルクレティアへの凌辱、自害、そして残された父の悲嘆。さらに、痛烈にスペルブス王を非難した。民衆はその言葉に突き動かされ、王の命令権の停止と王家の国外追放を決議する。

傲慢王は反乱鎮圧のために戦地アルデアからローマに向かったが、市壁の門は開かれることなく国外追放が宣告された。兵士たちも市民に味方した。王はやむなく亡命を決意し、エトルリア人の町カエレ（現チェルヴェテリ）に向かった。セクストゥスも亡命を試みたが、道中で殺害された。これまで彼がおこなってきた数々の殺害と財産没収の恨みを晴らそうとした者たちによる復讐だった。こうしてルクレティアの事件をきっかけに、二四四年続いたローマの王政は終焉を迎えた。そして、ローマ共和政が始まる。

共和政は端的には「王のいない政体」を意味する。具体的には、元老院という有力者層（政治的エリート集団）によって構成される諮問《しもん》機関と市民がローマの主権者となる。この「元老院とローマ市民（Senatus Populusque Romanus《セナトゥス ポプルスクェ ロマヌス》）」という言葉の頭文字ＳＰＱＲがローマを象徴的に表す言葉となる。以後、ローマはこの政体を守りつづけた。

のちにカエサルが政治権力を掌握したとき、すべての権力をひとりでもちつづける「終身独裁官」となった（前四四年）。「独裁者（Dictator）」の語源ともなる役職だ。このカエサルの行為は共和政を転覆し、王になろうとしているとみなされた。そのためにカエサルの殺害は共和政の維持に必要だと考えられた。カエサルを暗殺したひとり、マルクス・ユニウス・ブルトゥスは、傲慢王に対峙したルキウス・ユニウス・ブルトゥスの末裔だ。ふたりのブルトゥスは共和政を守る運命を担っていたのだ。

現代ローマの駐在所に掲げられたローマの紋章*

共和政の維持はローマにとって何よりも重要だった。オクタウィアヌスがアウグストゥスの尊称を得て実権を握り、わたしたちが現在「帝政」（あるいは「元首政」）と呼んでいる時代になっても、ローマは形式的に共和政を維持していた。むしろ共和政の伝統を守りながら実権を握ったことが、オクタウィアヌスの成功の要だったといえるかもしれない[3]。共和政はローマの核だった。その政体がルクレティアによって成立したのだ。

プブリウス・ホラティウス・コクレス

――共和政ローマを守った英雄　〔前六世紀〕

紀元前五〇九年に最後の王タルクィニウス・スペルブス（傲慢王）が追放されたとき、王はエトルリア諸都市にローマ奪還の支援を求めたため、エトルリアとローマの戦争が勃発した。翌年には、強力な軍を有するクルシウム（現キュージ）の王ラルス・ポルセンナも戦いに加わり、ローマに攻撃をしかけた。始まったばかりの共和政ローマは窮地に追いこまれた。

人々は市壁内に移動して、守備隊が都市全体を守っていたが、ラルス・ポルセンナはヤニクルム（現ジャニコロ）の丘にまで迫った。丘からはローマを一望することができる。丘をくだったところは、もうティベリス川だ。そこに架けられていたスブリキウス橋がローマへの入り口となる。この橋を防衛していたのが、プブリウス・ホラティウス・コクレスを含む軍団だった。

コクレスは、執政官マルクス・ホラティウス・プルウィルスの甥で、貴族階級に属する。執政官（コンスル）とは、王が追放され、人々が自由を得て共和政になったとき、王の代わりに最高指導者として置かれることになった役職だ。執政官は一年任期で二名選出される。共和政ローマでは権力が集中しないように、決められた期間だけ務める任期制と、同じ権力をもつ者を複数人配置する同僚制がとられた。プルウィルスは前五〇九年（任期途中で死亡したブルトゥスに代わ

ヤニクルムの丘から見たローマ*

って）と前五〇七年に執政官に選出された人物だ。

「コクレス」は「隻眼《せきがん》の」という意味をもつ。プルタルコスは名前の由来にふたつの説を伝えている。ひとつは、彼が戦争で片目を失ったというもの。もうひとつは、彼の鼻はつぶれたように低くて目頭がなく、左右の眉がつながって一文字になっていたので、一つ目巨人キュクロプスのようだったというものだ（プルタルコス『プブリコラ』一六）。英雄にふさわしく、戦場での負傷説を伝えるものが多いが、一文字眉説も魅力的だ。ただし、プルタルコスは「単眼」と呼ばれていない理由について、ある人が口が滑って「隻眼」と言い間違えたからと付け加えている。

さて、ラルス・ポルセンナ王の軍勢はティベリス川に架けられた唯一の橋、スブリキウス橋を目指して、ヤニクルムの丘を勢いよく下って襲いかかった。強大な軍隊で名高い王の進撃を目の当たりにして、ローマ兵たちは狼狽《ろうばい》した。武器を捨て、隊列を崩して逃げ出そうとする。その姿を見て、コクレスは部隊を鼓舞し、「剣でも、火でも、ありとあらゆる手段を用いて橋を落とせ」と叫んだ（リウィウス『ローマ建国史』第二巻一〇以下）。そしてひとりで橋のまえに立ち、敵を迎え撃とうとした。敵が橋を渡ったら共和政は滅び、傲慢王がふたたび権力を握ることになる。コクレスは自由を守るために最前線で身構えた。その雄姿に心打たれて、スプリウス・ラルキウス・ルフスとティトゥス・ヘルミニウス・アクィリヌスのふたりが残ってともに戦った。

スブリキウス橋は木造だった。石造りの橋を建設する技術を有していたにもかかわらず木造だったのは、窮地のときにすばやく破壊するためだ。[4] ティベリス川は橋を落としてしまえば容易には渡ることができないほど十分な川幅を有している。コクレスたちが敵の猛攻をしのいでいるあいだ、ローマ軍は橋の破壊を急いだ。そしていよいよ橋が崩れそうになったとき、コクレスはラルキウスとヘルミニウスに橋を渡るよう命じ、自らは最後の時間を稼ぐために留まった。

ラルス・ポルセンナ王の軍勢は一斉に槍を投げつけた。しかしコクレスは足を踏ん張り、その槍をすべて盾で受け止めた。さらに敵が突撃をかけようとしたとき、橋が崩れる音とローマ軍の歓声が聞こえた。ポルセンナ軍はたったひとりを攻略できなかったことを悟ってひるんだ。その瞬間、コクレスは武具を身につけたまま川に飛びこむ。リウィウスによると、彼は無数の槍が降り注ぐなかでも無傷で泳ぎ渡ったという。プルタルコスは、槍が尻に刺さったまま川を泳ぎ切ったが、受けた傷のために足が不自由になったと伝えている。

フランチェスコ・ペセリーノ《橋を守るホラティウス・コクレス》。橋の上で騎乗しているのがコクレス　1450 年頃、ヴィクトリア＆アルバート博物館

ティベリス川*

コクレスの活躍のあと、ラルス・ポルセンナ王は包囲戦に切り替えて攻略を続けた。ローマは長引く戦いに疲弊したが、それでもコクレスの武勇を引き継ぐかのように攻撃を食いとめ、共和政を守り抜いた。講和条約が結ばれたとき、劣勢だったローマに不利な条件が多かったが、タルクィニウス傲慢王の復位だけは絶対に認めなかった。

ローマ市民はコクレスの功績と武勇に感謝して十分な農地を寄贈するとともに、ローマ広場に彫像を置いた。その像は一世紀のプリニウスの時代でも変わらず立っていたという（『博物誌』第三四巻一一）。

もうひとり、この戦いで武勇を示した人物がいた。クロエリアという娘である。和平後、ポルセンナは軍隊を撤退させる条件に人質を要求し、そのなかにクロエリアを含む乙女の一団がいた。彼女は見張りの目をそらして一団を導いて脱出し、攻撃をかいくぐりながら乙女たち全員を親元に返した。ポルセンナ王さえもクロエリアの勇敢さを賞賛したという。ローマ市民はクロエリアの武勇を顕彰して、コクレスとおなじように「聖なる道（ウィア・サクラ）」に乙女の騎馬像を建てた。

ホラティウス・コクレスはローマに勇気を与え、市民の自由を守った伝説的な英雄だ。その後ローマは共和政から帝政へと進み、おおいに栄えることとなる。

第2章

衣・食・住事情

ルキウス・アウトロニウス・ステパヌス

──クリーニング屋の店主〔一世紀〕

ルキウス・アウトロニウス・ステパヌスは妻アウトロニア・テュケネとともにポンペイで洗濯屋を営んでいた。夫婦はもともと同じ主人の奴隷であったが、解放後にふたりで店を始めたようだ（CIL IV 7172, 7174, VI 9429）。古代ローマ時代の奴隷は一定の条件を満たせば解放され、市民権を手に入れることができた。ポンペイには確認されているかぎりで一七店の洗濯屋があったが、ステパヌスの店はそのなかでもいちばん大きかったので繁盛していたのであろう。

ローマでも流行《はや》りの服装は目まぐるしく変わり、種類もたくさんある。男性の正装はトガと呼ばれた。ローマ市民だけが着用を許されている上着で、基本的な色は白だった。トガは漂白された毛織物を半円形に切ったもので、広げると長さ五メートル、幅二・五メートルほどもあり、重かった。[1] その大きさを利用して、ひだで飾りをつけた。ひだの整っていないトガは格好が悪く、きれいにひだを着つけるためには使用人の補助が必要だった。また、トガは着ている人のステータスを表すものでもあった。高官であれば紫色の縁飾りをしたトガを、元老院議員はより太い縁飾りのトガを着ることができた。また政務官選挙に立候補しているものは純白のトガを着た。死者はトガをまとって埋葬され、喪中には黒いトガが用いられた。

ポンペイに残る、ステパヌスの洗濯屋*

ポンペイの壁画に描かれた洗濯屋の風景。毛織物にブラシをかける作業員と、薬品を使った燻蒸作業のためのドーム状の籠を運ぶ作業員　ナポリ国立考古学博物館

トガを着たアウグストゥスの像　前1世紀末、マッシモ宮殿*

巨大なトガを自宅で洗うのは大変な労力であったから、洗濯屋はローマに欠かせない存在だった。ステパヌスの店はアボンダンツァ通りと呼ばれる大きな通りに面しており、もともと住宅だったところを改装したようだ。洗濯はいくつかの工程を経るために、広い場所と手間と作業者を必要とする。ステパヌスも複数の奴隷や従業員を雇っていた。店舗は洗濯の各作業を効率よく、流れ作業でおこなえるように全体が設計されており、入り口には衣服の受け渡しをするスペースが設けられていた。

工程は現在のやり方と似ている[2]。まず、衣服を洗剤で洗う。大きなたらいに液体をためて衣服を入れ、足で踏みつけたり、こすったりして汚れを落とす。洗剤にはカルシウムを含む土やアンモニア（発酵させた尿）が使われた。羊毛はアルカリに弱いので、水で薄めるなどの調合がなされた。尿は路上に置かれていた尿便を洗濯業者が回収し使用していたといわれることがあるが、定かではない。いずれにせよ、トイレをもたない多くの一般市民は家に尿瓶を置いていたので、尿を集めるのはそれほど難しいことではなかっただろう。博物学者プリニウスは、人間の尿以外にもラクダの尿が洗濯に有用であることを伝えている（『博物誌』第二八巻九一）。

その後、きれいな水で洗剤を洗い流し、しっかりとすすぐ。洗濯屋では水を効率よく回すために、固定された大きな洗濯槽を設置していた。注水と排水の設備もあり、入り組んだ構造をしていた。衣服は洗浄したら、乾燥させねばならない。ステパヌスの洗濯屋では、上階のテラスに干すスペースがあった。仕上げには衣服を繕い、ブラシをかけて、磨きあげ、けば立ちを整え、表面を滑らかにする。色物には硫黄による燻蒸や石灰岩を用いて発色を調整した。ブラシにはいば

（上）オスティアの洗濯屋。すすぎのための大きな洗濯槽が残っている*
（下）オスティアの洗濯屋。洗濯物を入れる洗い場の桶*

らやハリネズミの皮が使われることもあった。ほかにも一メートルを超える刈り込みばさみやアイロンなど、さまざまな道具を用いて仕上げ、着心地をよくし、見た目も美しく整えた。洗濯屋はローマのおしゃれを下支えしていたのだ。

ステパヌスの店舗が洗濯の工程にあわせてつくられていることからも、彼が店を開こうと考えたとき、すでに洗濯の技術に精通していたことがわかる。また改築やさまざまな道具、そして従業員もいたから、高額な初期投資が必要だったろう。解放されてすぐに店を始めたかどうかはわからないが、かつて奴隷であったとしても、ひとつの技術をもつことで生活していくことができた。彼のような職人たちによって、ローマの都市生活は活気を得ていたのだ。

ガイウス・ユリウス・ヘリウス——靴職人〔一世紀〕

ガイウス・ユリウス・ヘリウスは靴職人だった。一世紀のローマ、フォンティナリス門のそばで靴屋を営んでいた。この門の正確な位置はわかっていないが、おそらく現在のヴェネツィア広場の近く、ローマ広場（フォルム・ロマヌム）のそばだったと考えられている。彼の工房はローマの中心街にあったのだ。

「ヘリウス」という名前から、祖先はギリシア出身だと思われるが、彼自身は生まれながらのローマ市民だった。妻には先立たれたようだ。娘の名はユリア・フラッキラ。彼女は解放奴隷ガイウス・ユリウス・オネシムスと結婚した。娘と婿夫婦が店を継いだのかもしれない。ヘリウスは孫にも恵まれていたことが碑文からわかる[3]（CIL VI 33914）。

墓碑には彼の彫像が描かれている。禿げた頭と眉間のしわ。職人気質の生真面目さの表れだろうか。左の口もとにはいぼがある。ローマの墓碑には埋葬者のリアルな姿が描かれる。いぼはヘリウスの特徴だ。「死者の霊に」を表すDMという表記のあいだには、靴の木型が描かれ、彼が靴職人だということがひと目でわかる。一方の足型には靴がつけられている。

靴の種類は無数にあった[4]。用途にあわせて形状が異なるし、時代の移ろいにあわせて流行も変化した。多くの靴は革製だが、木や藁《わら》や葦《あし》で作られているものもあったと考えられている。革は山羊や羊、牛などの皮をなめして使った。なめし作業の途中で染色されることもあった。黒や赤、ピンク色などのカラフルなブーツが足もとを彩っていたという。

もっとも簡単なものは現在のビーチサンダルのようなサンダルや、足の甲を留めるだけのサンダルだったが、服装にあわせた靴やブーツなどもあった。トガを着るときにはカルケウスと呼ばれるくるぶしまであるブーツを履いた。皮ですっぽりと足を覆い、革ひもを巻いて前方で留めた。ヘリウスの墓碑に描かれたブーツは、カリガと呼ばれる。革ひもを多く用いて足首を締め、しっ

ヘリウスの墓碑。上部には靴の木型が彫られており、片足は軍靴「カリガ」を履いている　モンテマルティーニ美術館*

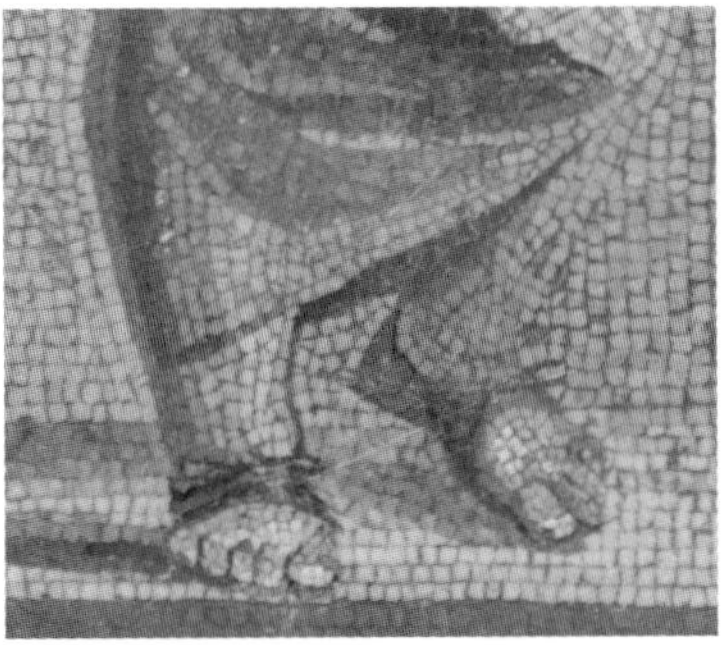
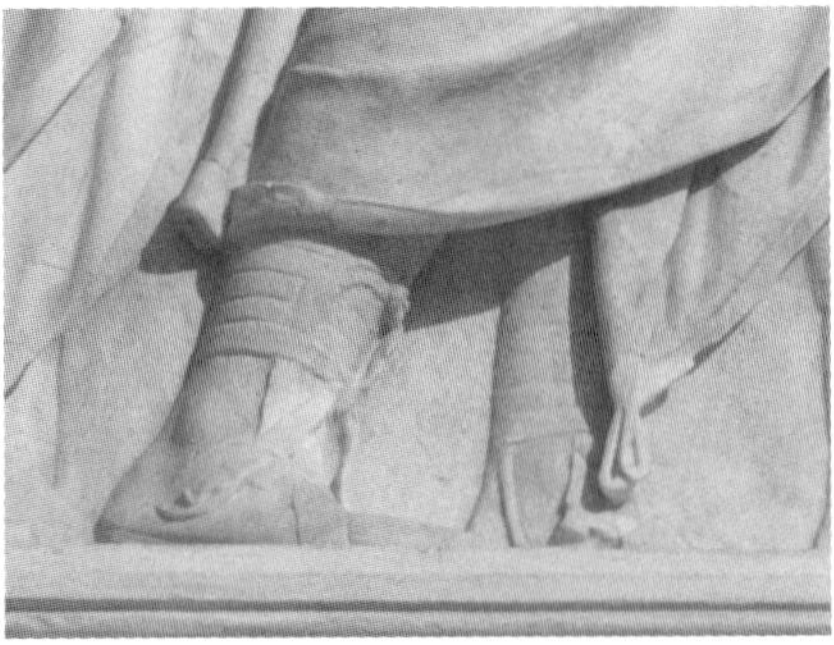
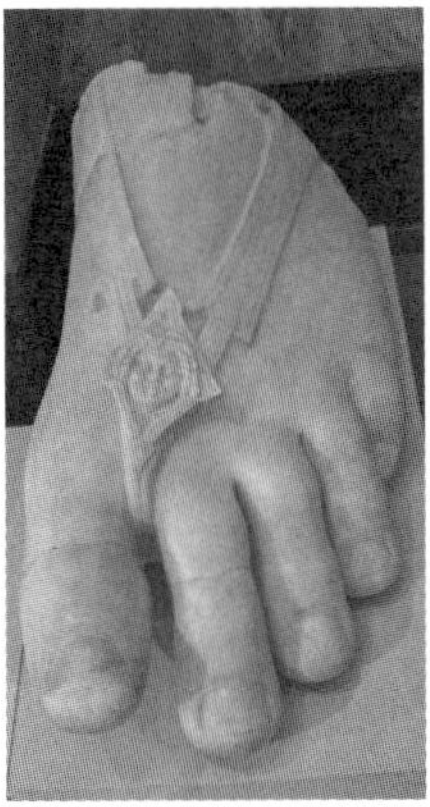

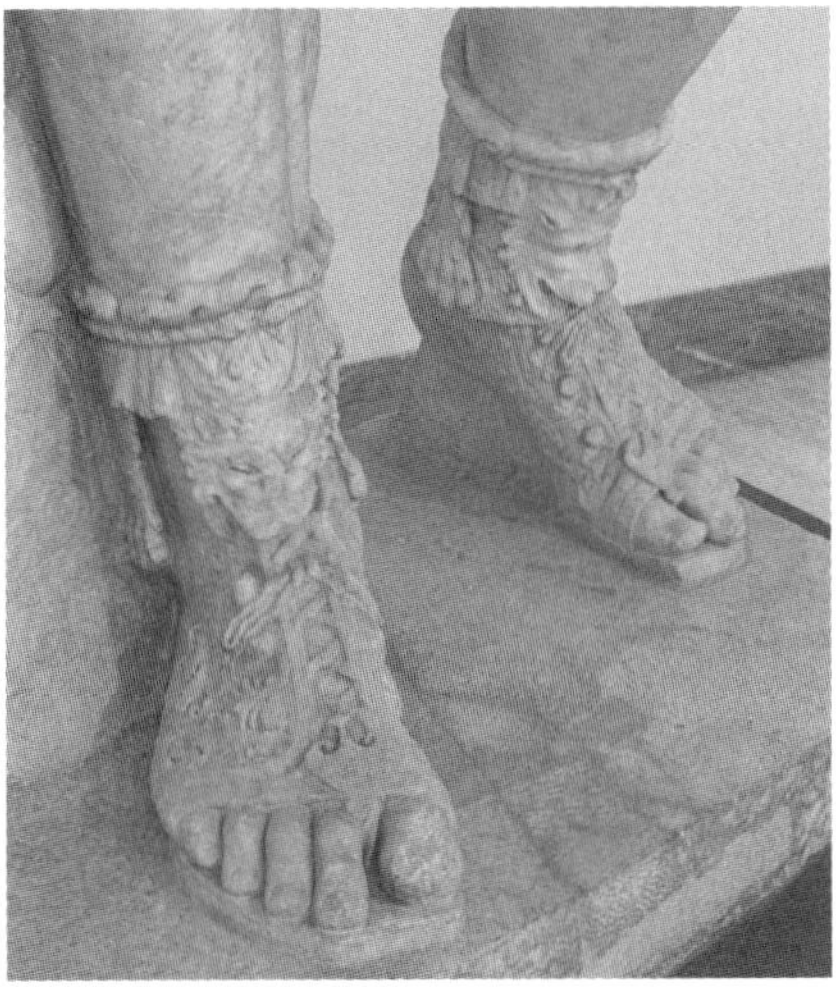
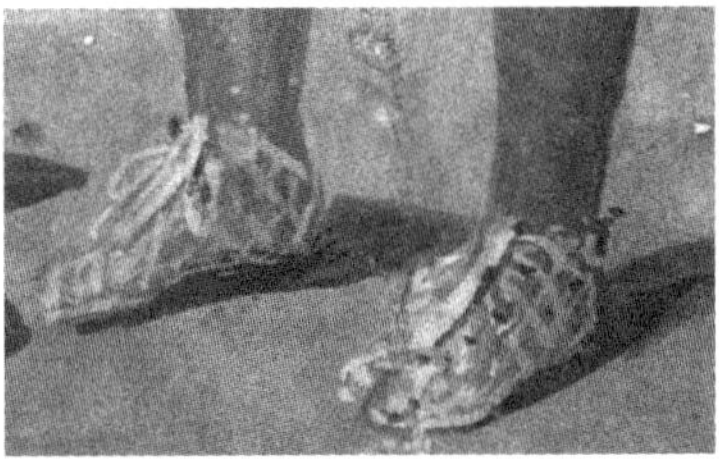

（上段左から）足の甲を留めた簡素なサンダル*／トガを着るときに履く「カルケウス」*（中段左から）ビーチサンダルのようなサンダル*／カルケウス*／びょうのついた靴のあと*（下段左から）豪華な装飾がつけられたパレード用のブーツ*／「クレピダ」と呼ばれるサンダル*

かりと固定することのできる軍靴だった。現在「グラディエーターサンダル」という名で知られている靴の形は、このブーツをモチーフとして作られた。カリガは長距離を行軍するための軍靴なので、靴底にスパイクのようなびょうくぎの金具をつけて耐久性を向上させることもあった。またパレードなどに用いられるようなブーツは特別に仕立てられており、ライオンの頭部などの豪華な装飾が施されている。

クレピダと呼ばれるギリシアのサンダルは、ローマでも人気があった。一見すると革ひもを編んでいるような形のものもあったが、それは網状になるように革を切り抜いて成形した。つま先が開いている場合も、覆われる場合もあった。また、一枚の革から作られる靴もよく使用された。靴ひもで結びやすいように甲の部分が複雑にカッティングされ、デザインもさまざまに工夫されていた。

室内で履くスリッパもあった。外履きの靴底は何層にも重ねられ歩きやすいものが多かったが、スリッパは柔らかい底を一枚だけ有し、足の前側部分を緩やかに覆うのみで、履き心地がよかった。室内でも専用の履物が必要なことがある。たとえば、床を高温で熱して保温していた浴場には、底に厚い板を張りつけたサンダルが用意されていた。ローマの風呂では、カランコロンと下駄のような音が鳴り響いていたのかもしれない。

人が行きかうローマの街なか。ヘリウスの靴屋はその傍らにあり、人々の生活を足もとから支えていた。おそらく彼もいろいろなタイプの靴を作っていただろう。だがそのなかでも、きっちりとした足型とカリガを墓碑に描いた。そこには職人ヘリウスのこだわりが表れている。

コラム　奴隷と解放奴隷

古代ローマでは、住人は自由人と非自由人の二種類に区分された。ローマ市民は自由な人々である。自由に生き、主体的に暮らすことが許されていた。一方で自由をもたない人々は奴隷と呼ばれた。奴隷は生きた人でありながらも、法律上は主人に従属するモノとして扱われる。ただし、奴隷が生涯において奴隷であるかというとそうではない。条件を満たすことで自由を獲得して市民になることができた。奴隷から解放されて自由を得た人を「解放奴隷」と呼ぶ。

正規の手続きには、五年に一度の戸口調査の際に市民として申告する解放、公職者の面前でおこなわれる解放、そして主人の遺言による解放があった。ほかにも証人を立てて面前で解放を宣言するだけで済ませるような、非正規の手続きもあった。非正規の場合には正式なローマ市民とはみなされなかったが、解放されたことにはちがいなく、自由を手にすることができた。

時期にもよるが、対外戦争で捕らえられた捕虜が奴隷になることが多かった。また捨て子が奴隷として育てられることもあった。奴隷夫婦から生まれた子も奴隷とみなされた。ローマ外のはるか遠い地域から連れてこられた戦争捕虜、あるいは海賊や盗賊に略奪された人が奴隷になることもあった。奴隷は商人によって市場に出された。買い取られた奴隷は、それ

遺灰を入れた骨壺　ヴァチカン美術館*

ぞれの主人のもとで仕事を与えられた。奴隷固有の能力や知識によって仕事が分けられる場合もある。大農場や鉱山で労働を強いられた奴隷の暮らしは過酷だった。一方で、都市の奴隷は比較的豊かな暮らしができたという。奴隷の境遇は時代や地域によっても異なったが、何より主人の性質に左右されてしまう。

また個人に仕えるのではなく、都市のために働く公共の奴隷もいた。神殿で神官に仕える侍従職、図書館など公共施設職員の業務、都市の会計や公文書の管理、上下水道の維持など、能力に応じて公的な仕事が割り当てられていた。

人種や肌の色は奴隷の身分と関係がない。また奴隷であっても整った身なりをしていることもあった。ふつうの人と奴隷のちがいは外見からはわからないことも多い。むしろ少数の富裕層と庶民の違いのほうが顕著だったろう。

奴隷や解放奴隷も亡くなったときには墓をつくった。その墓碑は彼らの様子を伝える貴重な記録だ。彼らもまたローマに暮らし、文化と社会の一翼を担っていたのだ。

アセッリナ――居酒屋の女将さん〔一世紀〕

六四年頃、アセッリナはポンペイのメインストリート、アボンダンツァ通りに店をかまえ、安価なワインと食事を提供する居酒屋（タベルナ）の経営を始めた。ステパヌスの洗濯屋（↓七六ページ）のはす向かいだ。ポンペイが噴火によって地中に埋もれてしまった七九年頃には、ズミュリナ、マリア、アエグレなどの女性たちが従業員として働いていた[5]。

「アセッリナ」は伝統的なローマの名前だが、ズミュリナ、マリア、アエグレは異国情緒あふれる。おそらく、ズミュリナは小アジア近辺、アエグレはギリシア出身で、マリアはシリアあるいはユダヤ人だと名前から推測できる[6]。異国から来た彼女たちは奴隷や解放奴隷だったかもしれない。地中海世界を支配したローマには、世界各地から人々がやってきた。多彩な顔ぶれの居酒屋だったことは、アセッリナの経営戦略なのだろう。

居酒屋では、酒や軽食が提供されていた。カウンターに酒がめが置かれ、そこからワインをすくって盃《さかずき》に注いだ。ある居酒屋の壁には酒のお品書きが記されている。

ヘドネがお知らせします。ここでは一アスで飲めます。二アスを払えばもっといい酒を飲め

ます。四アスを払えばファレルヌス酒を飲めます。（CIL IV 1679）

一アスは八〇円ほどの価値だったので、一杯の値段は現在に比べるとかなり安い。ファレルヌス酒は、ラティウム地方とナポリのあるカンパニア地方の境界にあるファレルヌス山で生産された白ワインで、イタリア半島で作られる名酒として有名だった。プリニウスによるとこの酒は辛口、甘口、軽口の三種類に分類される。また、ファレルヌス酒のなかでもコルネリウス・スッラ・ファウストゥスという人の畑で採れるブドウを使ったものが、とりわけ評価が高かったという（プリニウス『博物誌』第一四巻六二〜六三）。ワインの格付けや種類分けがすでにあったことは、ワインが好まれ、生活の一部であり、嗜好の対象でもあったことを示している。

ワインが誰でも気軽に飲める値段であったように、人々が外食するのはめずらしいことではなかった。ポンペイには一〇〇軒を超える飲食店があったという。それは金持ちのためではなく、ふつうの人々にとって大切な生活の一部だった。集合住宅の狭い部屋には、キッチンがないことも多かったからだ。富豪であれば料理人を雇って家で贅沢に食べることができた。しかし、ふつうの人々にとって安い酒と食べ物は生きていくために、そして楽しみのために欠かすことができない。アセッリナの店も、一日の終わりに疲れを癒やす常連客でにぎわっていただろう。

アセッリナや店の女性たちの言葉が、居酒屋の外壁に記されている[7]（CIL IV 7873, 7863, 7862, 7866）。

ポンペイに残る飲食店*

アセッリナの店*

アセッリナがフスクスを推薦することを示した外壁のメッセージ。上から３行目の左にアセッリナの名前が読み取れる*

「アセッリナはガイウス・セクンドゥスを、裁判権を有する二人官として推薦する」
「アセッリナたちは、ズミュリナとともに、ガイウス・ロッリウス・フスクスを二人官として推薦する」
「アエグレはグナエウス・ヘルウィウス・サビヌスを造営官として推薦する」
「マリアはグナエウス・ヘルウィウス・サビヌスを造営官として推薦する」

二人官や造営官はポンペイの公職のひとつだ。つまりこれは選挙ポスターの役割を担っていた。店の常連客や道を行きかう人々に推薦者をアピールしているのだ。

ところが、選挙権は成人男性市民にしかない。アセッリナのような女性や奴隷が直接選挙に行くことはなかったはずだ。それにもかかわらず、彼女たちは店の外壁に政治的なメッセージを掲げている。これはローマの政治を考えるうえでも興味深い。制度はともかくとして、誰でも政治に関心をもち、自らの考えを主張する。アセッリナのような人気居酒屋の女将であれば、影響力も大きかっただろう。そうなれば、政治を担う側も彼女たちを無視することはできない。

ポスターを掲げていることからも、アセッリナは文字の読み書きができたにちがいない。店を経営するためには、契約書を読む必要もあるだろうし、計算もできたはずだ。ローマの識字率については多様な見解があるが、一般的に低かったと考えられている。[8] とはいえ、文学作品や法律文書をすらすらと読んだり正確に書いたりするような識字能力ではないにしても、たどたどしくともアルファベットを読みあげることは多くの人ができたのではないだろうか。実際この種の選挙ポスターは一五〇〇以上残されており、ポンペイのあちこちに描かれているから、アセッリナが特別な女性だったわけではないだろう。

居酒屋の女将アセッリナの面影には、たくましく生きていたローマ女性の姿が垣間見える。

マルクス・ウェルギリウス・エウリュサケス
——人気のパン屋〔前一世紀〕

まだ暗いうちから、朝の街角を焼きたてのこうばしい香りが包みこむ。紀元前一世紀のローマで、エウリュサケスはパン屋を営んでいた。「エウリュサケス」という名がギリシア系ということから、解放奴隷だと考えられている。製粉業者であり、人気のパン屋でもあった。富を築くことができるほど繁盛していたようだ[9]。

妻はアティスティアという。ふたりの墓には夫婦が並んで立つ肖像が彫られている。エウリュサケスはトガを、アティスティアはパッラと呼ばれる丈の長いエレガントな外套をまとう。ギリシアを出自とする解放奴隷ではあったが、むしろそのために、ローマの伝統的な衣装で威厳を示している。

ふたりの墓はラビカナ街道とプラエネスティナ街道の合流地点のそばに建てられており、プラエネスティナ門（現マッジョーレ門）のまえにいまでも残されている。高さは七メートル以上あり、幅や奥行きも同じくらいの長さのある巨大な墓だ。上部のレリーフにはパン作りの工程が描かれている。またアティスティアはパン籠の形をした骨壺に入れられたと墓碑に記されている（*CIL* VI 1958b）。夫婦がパン屋としての誇りをもち、パン作りを愛していたことがわかる。

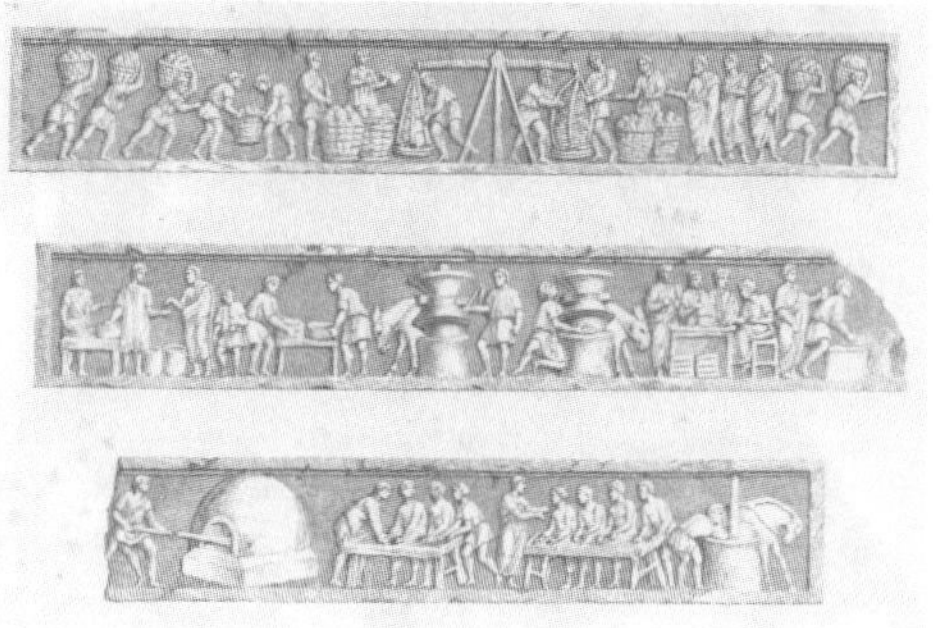

（上段左から）エウリュサケスとアティスティアの肖像　モンテマルティーニ美術館＊／エウリュサケスの巨大な墓　（中段）アティスティアの墓碑＊　（下段）パン作りの工程を示したレリーフ　ハイデルベルク大学図書館

パン屋は粉をひくところから焼くまでの工程をすべて担っていた。エウリュサケスの墓にも描かれるように、まずは穀物を量り、ふるいにかけ、臼《うす》でひいて粉を作る。それから生地をこねて、形を整え、焼きあげる。できたパンの重さも量った[10]。レリーフには多くの従業員が描かれていることから、エウリュサケスは人を雇って大量のパンを作っていたのだろう。焼きあがったパンは路上や店舗で売ることもあるし、飲食店に卸すことも多かった。外食産業が盛んな大都市ローマでは毎日大量のパンが消費される。

ポンペイにはパン屋の遺跡も残されている。ひき臼やパン焼き窯《がま》が工房の様子を伝えている。窯の形状は、現在のナポリのピザ窯と同じような構造だという。溶岩石のひき臼の上部には棒を差しこむ穴があり、その棒を使って人やロバの力で回転させた。エウリュサケスの墓碑にもロバが働く様子が描かれている。

パンは主食であるため、生活に必要不可欠だ。小麦の価格は国家によって制限され、人々は安定して低価格で手にすることができた。パンはもともと粉に水を加えて生地を作り、焼いただけで、現在のピタパンのような形だったという。しかし、前二世紀前半にイーストの製法が導入されて、現在と同じようにふんわりと発酵させたパンが登場した。パン焼き職人とパン屋が誕生したのもこの時期だ。

専門の職人が登場し、パンの種類は豊富になる。原料となる穀物さえ多様だった。小麦の半値の大麦、古くからあるスペルト小麦、ライ麦、栗、豆類からも作られた。アレクサンドロス大王がもたらしたという米も広まっており、米粉パンもあった。菓子パンや焼き菓子も作られた。干

ポンペイに残るパン焼き窯*

同じくパン屋のひき臼*

（左から）祝祭のためにたくさんのパンを運ぶ様子　前１世紀後半、モンテマルティーニ美術館*／パンを売る様子が描かれた壁画　ナポリ国立考古学博物館

しブドウのパン、香料のアニスとフレッシュチーズの四角いパン、タルト、ビスケット。肉やチーズを混ぜたパンもあった。[11]もっとも一般的なパンは、直径三〇センチほど、切れ目の入った円形で、ポンペイの遺跡から化石も発見されている。現在のイタリアでも見かけるような形状だ。

ローマ人はパンだけでなく、プルスと呼ばれるお粥《かゆ》も食べた。『農業論』を記した大カト（前二三四～前一四九）が紹介しているレシピでは、粒状のスペルトを長く水に浸しておいて、柔らかくなったところにチーズを入れ、蜂蜜と卵を加えてかき混ぜるという（『農業論』八五）。スペルトを柔らかく煮て、塩や魚醤《ぎょしょう》（ガルム）で味を付ける調理法もあった。ローマ人はギリシア人から「粥すすり」と揶揄《やゆ》されていたほどだから、お粥はソウルフードとして好まれていたのだろう。

ポンペイの壁画にはパンを売る様子が描かれている。[12]エウリュサケスの店にも丸いパンがうずたかく積まれ、人々が集まっていただろう。

ルキウス・リキニウス・ルクッルス

――政治家・美食家〔前一一八～前五六年頃〕

ルキウス・リキニウス・ルクッルスは紀元前一一八年に、ローマで生まれた。父は同名のルキウスで、リキニウス・ルクッルス家は古くからの名家だった。さらに母カエキリア・メテッラ・カルウァの属するカエキリウス・メテッルス家は、まさに政治の中枢で隆盛を誇る家柄で、多くの執政官を輩出した。母カルウァの姪は権力を掌握して独裁官となったルキウス・コルネリウス・スッラ（前一三八～前七八年）の四番目の妻だった。ルクッルスはこのスッラの側近として軍事的にも政治的にも成功をおさめた。しかし晩年、カエサルの台頭後は政治から距離を置き、ホルトルムの丘に豪邸を建て、文芸活動を庇護《ひご》しながら優雅に暮らしていた。

ルクッルスは各地に邸宅を築き、季節ごとに住む場所を変えていたといわれる。ホルトルムの丘の豪邸は、スペイン広場の階段を上ったところ、現ピンチョの丘にあるボルゲーゼ公園のあたりに建設され、ペルシャ風の庭園があった。豪華な屋敷には回廊や浴場が設けられ、世界各地から多額の費用をかけて収集した絵画や彫刻などが置かれていた。ローマから少し離れたトゥスクルム近郊の別荘には、展望台や野外宴会場、回廊などが造られた。ナポリ近郊の港町ミセヌム（現ミゼーノ）の岬に建設された邸宅の場合には、トンネルで海水を引き入れ、建物の周囲を水路にして魚を回遊させ、海に浮かぶような構造にしたという（プルタルコス『ルクッルス』三九）。

トゥスクルムの別荘には巨大な書庫もあったという。本のコレクションも素晴らしかったというが、柱廊に囲まれた図書室と研究室を公開していたことでも高く評価されている。とりわけギリシアから訪れた哲学者や知識人を歓待し、自由な学問の場を提供していた。キケロは『善と悪の究極について』という哲学書を記しているが、第三巻はこの図書館に本を借りに行ったとき交わされたキケロと哲学者小カト（前九五〜前四六年）の哲学対話という設定で記されている。

ルクッルスは美食家としても知られていた。ある日、キケロとポンペイウスが歩いているとルクッルスを見つけた。ふたりは「今日、これから君が普段食べているのと同じ料理を食べたい」と言って、家に押しかけることにした。当惑したルクッルスであったが、召し使いに「アポロンの部屋で食事をする」とだけ伝えた。屋敷に行って食事が始まると、美食家の日常がどんなものであるか見たいと思っていたのに、大変に豪華な食事がふんだんに運ばれてきた。またその料理もさることながら、準備や給仕の迅速さにも驚かされた。じつはルクッルスの屋敷では、食堂ごとに食事の格式や趣向が決められていて、アポロンの部屋は最上級の宴がなされる部屋だったという。ルクッルスは一人のときでも豪華な食事をとっていたといわれるが、アポロンの部屋では五万ドラクマ（ドラクマはギリシア圏で使われていた通貨で、一ドラクマは労働者の日当と同じ。一ドラクマ一〇〇〇〇円だとしても、五〇〇〇〇万円）の食費がかけられたというから相当なものだっただろう（プルタルコス『ルクッルス』四一）。

地中海に勢力を拡大し、多様な文化が流入したローマの食材は豊富だった。インドにいたるま

模様が美しい皿　１世紀中頃　ヴァチカン美術館*

で広く交易をおこなっていたので、味付けも豊かだった。たとえば、コショウ、オレガノ、ショウガ、サフラン、クミン、ディル、胡麻《ごま》など数百種類の香辛料やスパイスを輸入していた。プリニウスは「ぴりっと辛いだけなのに、高価なコショウがこれほど流行るのは異常だ」とぼやいているが（『博物誌』第一二巻二九）、香辛料の魅力はローマ人を虜《とりこ》にしていたようだ。ミント、オレガノ、タイムなどのハーブ類は自生しているために手に入れやすく、庭などで栽培することも多かった[13]。味付けには、とりわけ魚醬（ガルム）が好まれた。東南アジアのナンプラーや日本にもある魚醬味がローマの定番だったのだ。

ルクッルス自身がローマに持ちこんだ食材もある。前七四年頃、執政官として小アジアに攻めこみ、ミトリダテス大王と戦った。その遠征のときに食用となるサクラの木をケラスス（黒海南岸の都市、現ギレスン）から持ち帰り、ローマで栽培を始めた。その地に由来して、サクランボはローマでケラススと呼ばれる。サクラの学名が「ケラスス」であるのもその名残だ。またアルメニア

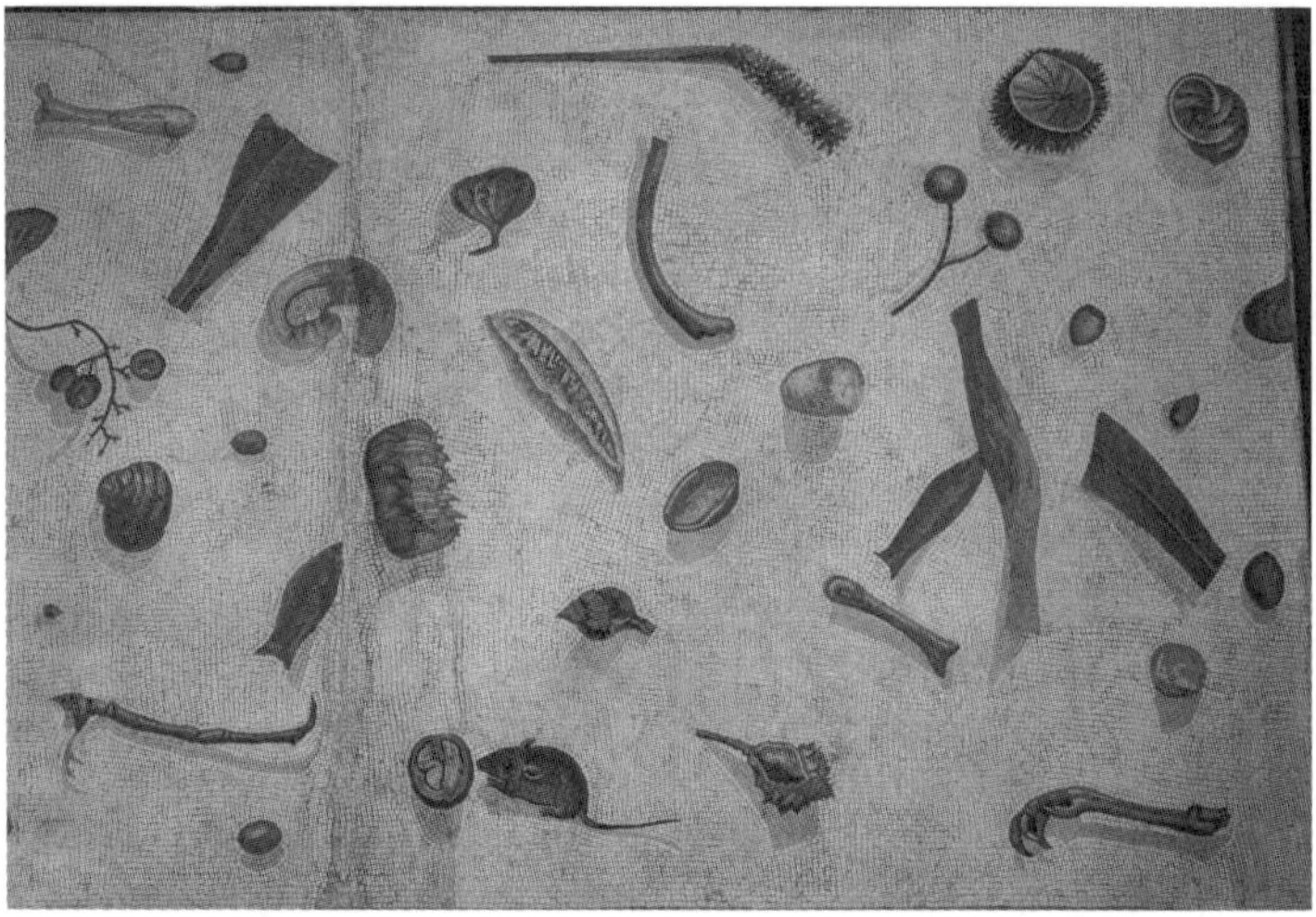

食べかすのモザイク　２世紀初頭、ヴァチカン美術館*

からはアンズを持ち帰った。どちらもローマで大人気となり、瞬く間に広がったという。

ルクッルスは良質な食材を得るために、農園で野菜や果物を作り、鳥や家畜を育て、大規模な養魚場を造った。ローマでは、饗宴の際に食べかすを床に投げ捨てたという。アポロンの部屋の床には、多種多様な食べかすが捨てられていたことだろう。

コラム　古代ローマの献立

美食家で知られるルクッルスは普段の食事から豪華だったといわれるが、たとえ富裕な人であっても、日頃は質素な食事をとるのが一般的だった。一方で、人を招いて開く宴や、祭りなどの特別な日には豪華な食事をとった。詩人ホラティウスは「最初から最後まで」を意味する「卵からリンゴ（デザート）まで」という言葉を残しているが（『談話集』第一巻三）、これはローマの晩餐が前菜から始まり、デザートまでのコース料理だったことに由来する。献立についてもいくつかの文献が残されている。

一世紀の詩人マルティアリスは、七人で開いた饗宴のメニューを伝えている（『エピグランマタ』第一〇巻四八）。全体としてはそれほど贅沢ではない献立と考えられているが、毎日肉を口にするわけではない一般のローマ人にとっては、特別なコース料理だろう。

前菜　　ゼニアオイ、菜園でとれた野菜（レタス、ニラ、ミント、ハーブなど）、ヘンルーダとゆで卵を添えた小魚、魚醬（ガルム）で味付けした雌豚

主菜　　仔山羊、柔らかい一口肉、そら豆、芽キャベツ、若鳥、ハム

デザート　熟した果物

酒　　九二年のノメントゥム（現メンターナ）産ワイン

銀のスプーン　１世紀、ナポリ国立考古学博物館*

ある家の祝いの席を描いたフレスコ画　ナポリ国立考古学博物館*

『談話集』（第二巻四）には、カティウスという人物が饗宴の献立にあう食材をホラティウスに教えるという詩がある。食材に適した料理法や産地、ワインの種類、食器やカトラリーについてさまざまな指導をしながら、コース料理の候補を挙げている。

前菜　卵、キャベツ、牧場のキノコ、ファレルヌス産ワイン漬け鶏肉、貝（ムール貝、バイアエ産の紫貝、ルクリヌス産のカラス貝、キルケイイ産のカキ、ミセヌム産のウニ、タレントゥム産のホタテ貝など）、蜂蜜入りの薄いワインソースをかけた魚あるいは焼き魚、ウンブリア産のイノシシ、ノロジカ、ウサギ、焼いた小エビ、アフリカの巻き貝、レタス、ハムやソーセージ

主菜

デザート　ピケヌム産のリンゴ、ウェヌクラ種ブドウの瓶詰、アルバ産の燻蒸したブドウ

ガラスの容器に入れられたさまざまな果物が描かれたフレスコ画　ナポリ国立考古学博物館

自然豊かなローマでは、肉も魚も野菜も多様な種類を食べた。サラダにはオリーブ、チコリ、ブロッコリー、アスパラガス、レタス、ニンジン、タマネギ、キュウリ、マッシュルームなど、現在でも馴染みの野菜を用いた。キャベツの種類が豊富で、カリフラワーもキャベツ類の芽として食べられており、プリニウスはいちばんのお気に入りだと『博物誌』で述べている（第二〇巻三五）。

マルクス・アントニウス・テレンス——羊と豚を扱う商人〔二世紀〕

マルクス・アントニウス・テレンスはナポリ近郊の港町ミセヌムに生まれた。ミセヌムにはローマ海軍のもっとも大きな軍港があり、栄えていた。また風光明媚《ふうこうめいび》な場所で、美食家の富豪ルクッルスがこの地に大邸宅を建てたように、別荘地としても有名だった（→九七ページ）。テレンスはこの町の名士のひとりで、住民の信頼もあつかったという。妻の名はわからないが、おそらく先立たれている。息子はマルクス・アントニウス・テレスとマルクス・アントニウス・プロクルスのふたりだ。テレンスは豚と羊の商人として首都ローマに拠点を移し、商売はとても繁盛していたという（CIL VI 33887）。

羊肉が食卓にのぼるまでにはいくつかの過程を経る。まず、牧人や農夫が飼育する。農夫は小麦などの農作物以外に多様な収入源を得るため、また休耕地の利用のために、しばしば家畜を飼育していた。[14] 肥料を作るためにも家畜は有要だった。また飼育の過程で羊毛をとることもできた。織物職人がその羊毛を買い取り、織物の材料として使う。羊が育ったら、近隣の町なら牧人が直接連れていくが、遠方なら輸送業者が船や陸路でマーケットまで運ぶことになる。そこで肉屋に、あるいは食肉処理業者に引き渡し、技術と道具を有した職人が解体したようだ。一部はハムやソ

夫婦で営む小さな肉屋の墓碑。夫が解体し、妻が帳簿を付ける　2世紀前半、アシュモレアン博物館　©Carole Raddato

ーセージなどに加工するために出荷する。そのとき皮については別の職人の手に渡り、なめして、衣服や靴、バッグや羊皮紙になった。肉は生鮮食品店に卸され、精肉に調整して小売店や露店で販売する。また飲食店などに卸すこともある。こうしてやっと料理が作られる。

食用であれ、皮や羊毛のように加工するのであれ、動物のすべての部分を使用したから、飼育から販売にいたるまでにはさまざまな産業がかかわっていた。テレンスは肉の小売店を営んでいたわけではなく、産業全体にかかわる商人だった。このような商人が飼育から販売まで、どれほど深く関与していたかは事業規模によって異なるようだ。すべての工程に投資していた可能性もある。自分の牧場をもち、輸送手段や加工場も所有して販売するような大きな企業を形成する業者もいた。テレンスはそのような流通全体を管理する立場にあったのだろう。

テレンスは羊と豚を扱う専門業者だったが、ロー

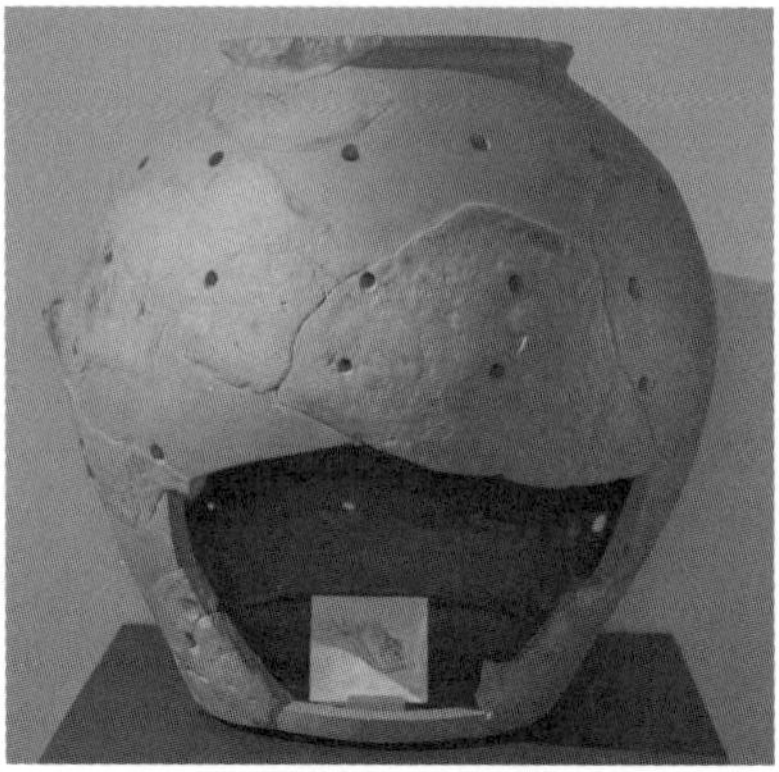

ヤマネの飼育壺ギラリウム　1世紀、キュージ国立考古学博物館*

マではほかにもさまざまな肉や魚を食べた。肉類は豚、羊、山羊のほかに、エスカルゴなども食した。雌牛は乳のために、雄牛は農耕に役立つので、市場で売られる牛肉は年を取ったものが多く、肉が硬くてあまりおいしくはなかった。げっ歯類のヤマネは一般的によく食べられていた。エトルリア時代から使われていたギラリウムと呼ばれる専用の壺で、ヤマネの飼育や繁殖をした。卵の取れる鶏の肉は高価なため、ガチョウのほうが庶民的だ。現在と同じ飼育方法でフォアグラも作られた。種類にもよるが、肉は比較的値段が高く、庶民は毎日食べられるわけではなかった。

　魚を描いたモザイクが各地で見つかっている。そこに描かれる種類は豊富で、イカやタコ、イセエビや貝など、さまざまな魚介類を食べていたことがわかる。ウナギやヤツメウナギ、ウツボも人気があった。魚醤（ガルム）で味付けしたウナギは日本人好みだったかもしれない。ガイウス・ヒリウスという人はヤツメウナギの養殖池を考案した。カエサルの凱旋饗宴のときに六〇〇〇匹のヤツメウナギを提供したという。カキも養殖場で育てられた。紀元前一世紀の商人ガイウス・セルギウス・オラタはカキの養殖を発明し、大儲けしたという（プリニウス『博物誌』第九巻七九以下)。

前三五〇年頃に三万人だった首都ローマの人口は、五〇年後には六万人に倍増する。そのまま人口は増加し、前二〇〇年には二〇万人、西暦一四年に八〇万人、一六四年には一〇〇万人に達した。[15]ポンペイのような一般的な都市の人口が一万人程度だったことを考えると、異常に多くの人が一都市に住んでいたことになる。多くの人でひしめく都市に安定して食を供給することは重要な課題であり、また地方都市にとってもビジネスチャンスだったろう。そのためには効率のよい流通と安定した供給が必要だった。テレンスはその一翼を担っていたのだ。

魚と鳥のモザイク　1世紀、ナポリ国立考古学博物館*

魚のモザイク　1世紀、ナポリ国立考古学博物館*

エロス——マンションの管理人〔前一世紀初頭〕

ギリシア出身の奴隷あるいは解放奴隷のエロスは、マルスの野の一角、ポンペイウス劇場わきの集合住宅で管理人をしていた。現在のカンポ・ディ・フィオーリ広場のあたりだ。エロスは集合住宅の家主から仕事を委託されていた。住人名簿の管理、家賃の受け取り、建物のメンテナンス、そして安全を維持するガードマンの役割も担っていた。恋の神エロスの名をもつが、屈強な男だったのかもしれない。

エロスが管理する集合住宅はポンペイウスの庭園と呼ばれる場所にあった（CIL VI 06299 (1)）。紀元前六一年にポンペイウスがこの一角を整備した頃、観劇のときに手に負えない乱痴気《らんちき》騒ぎが起こることが多く、木造の仮設劇場しか建造が許可されていなかった。そこで愛の女神ウェヌスに献じた神殿に付随する劇場ということにして、喧騒を控えるよう促すとともに、慣習に反して石造りの施設を建築した。直径一五〇メートルの巨大な半円形の劇場は、複合施設の一部だった。公共建築物、美術作品にあふれる柱廊、庭園がまわりに造られた。東側の側面には元老院議会が開かれる議事堂があり、そこでカエサルは暗殺された。窮屈な都会のなかに現れた緑豊かな庭園は、市民たちの憩いの場であり、男女の新しい出会いの場にもなっていたという（カトゥッルス

ポンペイウス劇場の客席部分を再利用して、新たに現代の建物が造られた＊

『歌集』五五、プロペルティウス『エレゲイア』第四巻八）。古くからの聖域におさめられた四つの神殿跡をいまも目にすることができる。現在ここは保護猫施設となっており、猫たちの聖域として機能している。

ローマでは人口の増加に伴って都市化が進み、前三世紀後半頃からインスラ（島）と呼ばれる集合住宅が造られた。四、五階建ての高層住宅も多く、なかには一二階建てのビルもあったという。[16]倒壊の危険を避けるため、アウグストゥスは公共道路に面した建物の高さを七〇ペース（約二〇・七メートル）に制限した（ストラボン『地理誌』第五巻三・七）。これはおよそ七階建ての高さになる。[17]だがこの制限を守らない建物もたくさんあったという。インスラの二階以上は居住空間になるが、一階には飲食店や販売店などの貸店舗部分が造られることが多かった。道の左右にビルが立

現在は猫の聖域となっている神殿跡（トッレ・アルジェンティーナ広場）*

ち、一階には店舗が並ぶ。現代と同じような都市の情景がローマにはあった。

インスラの下層はコンクリートや石で造られたが、上階には重さを軽減するために木材が使われた。現代に残された遺跡では、このコンクリート造りの下層部分のみを目にすることができる。部屋の広さは上の階になるほど狭くなり、家賃も安くなる。高層マンションの上階には崩落や火災の危険があるし、水道設備も届かなかったからだ。それに対して地上階がもっとも広く快適な部屋で、家賃も高かった。人口過密で土地不足が深刻な大都会の住宅事情はよくない。インスラの小さなワンルーム・マンションで、人々は窮屈に暮らしていた。ポンペイウスの庭園はそんな人々にとって、手足を伸ばせる重要な広場だったのだ。

集合住宅の管理を奴隷がおこなうことは一

（上）オスティアのインスラ＊　（下）オスティアの街並み。上部の木造部分は現存していない。一階の道路側は店舗に利用されることが多かった＊

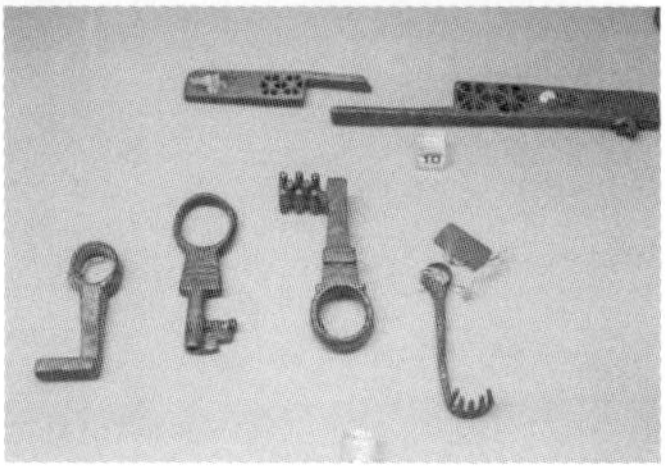

（上）「インスラ管理人」と刻まれたエロスの墓碑*　（下）防犯のため、家の戸には鍵をかけていた。鍵はチェーンなどに通して持つため、穴が開いている　ナポリ国立考古学博物館*

般的だったようだ。ほかの例としては、グナエウス・アッレイウス・ニギディウス・マイウスという地元の有力者が自らの物件を貸していた。その賃貸物件の広告がポンペイで発見されている。一階の店舗、上階のハイクラスな部屋、そして個人の邸宅部分を貸し出しているという。その連絡先が奴隷のプリムスとされている（CIL IV 138）。奴隷賃貸契約から日頃のメンテナンスまで、奴隷プリムスは担っていた。

エロスの管理する集合住宅はローマ中心街の大きなインスラだった。「島」と呼ぶにふさわしいひとつの共同体を形成していた。活気あふれる街なかで、さまざまな人間模様を見ていただろう。「インスラ管理人エロス」と刻まれた小さな墓碑は、集合墓地（コルンバリウムと呼ばれる鳩小屋墓地）の片隅に置かれていた。

ファウスティッラ——質店の経営者〔一世紀〕

ファウスティッラはポンペイで小さな質店を経営していた女性だ。メインストリートのアボンダンツァ通りから少し裏路地に入ったあたりに店はあった。夫はアウルス・グラニウス・ロマヌス。彼も小さな店を経営していたようだ。住宅を兼ねた店舗で夫が仕事をし、その一角でファウスティッラは物品を担保に金を貸していた。

ある女性は七月四日に二枚の外套を質草にファウスティッラから金を借りたという（CIL IV 8204）。その同じ女性は七月一五日にもイヤリングを質に入れ、月々一アスの金利で二デナリウスを借りた（CIL IV 8203）。ある人は二月一〇日にウェッティアという女性から月々一二アスの金利で二〇デナリウスを借り、一一月にはファウスティッラから月々八アスの金利で一五デナリウスを借りた[18]（CIL IV 4528）。一デナリウスは一六アスだったので、ファウスティッラから借りる場合、金利はおよそ三パーセントだったことがわかる。

貨幣の価値は時代によって異なるが、ファウスティッラの頃にはおよそ以下のようだった。まず主要な通貨にはアウレウス（金貨）、デナリウス（銀貨）、セステルティウス（黄銅貨）、デュポンディウス（青銅貨）、アス（銅貨）がある。一アウレウス＝二五デナリウス。一デナリウス

左からアス、セステルティウス、デナリウス　カピトリーニ美術館＊

＝四セステルティウス。一セステルティウス＝二デュポンディウス＝四アスだった。貨幣の価値を現代に置き換えることは難しいが、パンの値段を基準にすることには一定の妥当性があるだろう。ローマではだれでもパンを買って生きていけるように、主食である小麦の値段は一定に保たれていた。そして一人一日分のパンの値段はおよそ二アスだという。このことから、一アスを八〇円（したがって、一セステルティウスは三二〇円）ほどだと仮定してみたい。ファウスティッラがイヤリングの女性に貸した二デナリウス（三二アス）は二五六〇円で、金利一アスは八〇円だった。

庶民の年収はおよそ二〇〇〇～四〇〇〇セステルティウス（六四万～一二八万円）で、月収一〇万円弱の人が多かった。日雇労働者の日当は四セステルティウス（一二八〇円）くらいだった。家族四人がぎりぎり最低限の生活を送ることができる額は、一年間で四〇〇セステルティウス（一二万八〇〇〇円）だという。[19] つまり、月々一万円ほどの収入があれば家族四人が飢えずに生きていけるということになる。とはいえ、食費以外にも生活費は必要であるし、大都会の首都ローマでは物価はほかの地域よりも高かった。共働きの夫婦が多かったこともうなずける。

商品の値段は地域や時代によって異なる。ポンペイの居酒屋に刻まれていたワインの値段は、一杯が一アス（八〇円）、上等な酒が二アス、ファレルヌス産の最上酒が四アスだった（CIL IV 1679、→八七ページ）。パンと同様に、生活に欠かせないワインの値段は安い。小麦は一モディウス（六・五五キログラム）でおよそ一二アス（九六〇円）だった。[20]

一般的なトゥニカ（上衣）の値段は一五セステルティウス（四八〇〇円）であり、トゥニカを洗濯屋でクリーニングするためには四セステルティウス（一二八〇円）かかった。超富裕層は年間六〇〇〇セステルティウス、月々五〇〇セステルティウス（一六万円）以上の豪華な家を借りていたが、[21] インスラ（集合住宅）のワンルームは年間四〇〇セステルティウス、月々約三四セステルティウス（一万八八〇円）ほどから借りられた。[22] 首都ローマの家賃はほかの都市の四倍ほど高く、大都会の住宅事情はあまりよくない。

公衆浴場の入浴料は四分の一アス（二〇円）。理髪店のサービス料は三二アス（二五六〇円）。初等教育の学校で生徒一人の月謝は一～八アス（八〇～六四〇円）（ホラティウス『談話集』第一巻六、CIL IV 8565）。一般的な葬儀費用はおよそ三〇〇セステルティウス（九万六〇〇〇円）（CIL XIV 2112）。ラバの価格は五二〇セステルティウス（約一六万六〇〇〇円）（CIL IV 3340.1）。一般的な奴隷の購入費用は二〇〇〇セステルティウス（六四万円）だった。庶民の年収くらいだ。さらに剣闘士の場合には、一〇〇〇～一万五〇〇〇セステルティウス（三二万～四八〇万円）、もっとも高額な奴隷は文法学者で、七〇万セステルティウス（二億二四〇〇万円）だった（プリニウス『博物誌』第七巻一二八）。特殊な技能をもった奴隷ほど価格は高騰していた。

巨大都市となったローマには物があふれ、さまざまな商品が取引された。ファウスティッラは少額を貸し付ける小さな質店の経営者にすぎない。それでも、経済活動の活発なローマにおいては、庶民にとって困ったときに頼れる存在だったろう。

ドミティア・ルキッラ——レンガ製造業の事業主〔二世紀前半〕

ドミティア・ルキッラの名前はいくつものレンガに刻印されている。ローマのレンガには製造元を明らかにするために、生産者や企業名などがスタンプされ、高い品質が維持されていた。たとえば、一一八ページ左の画像のレンガには、事業主であるルキッラの名前と、実際にレンガを作った職人グナエウス・ドミティウス・トゥロピムスの名前が刻まれている。また二名の執政官パエティヌスとアプロニアヌスの名が記されている。これは年を表す一般的な方法で、このレンガの製造年が一二三年であることがわかる（CIL XV 269）。

ルキッラは、父プブリウス・カルウィシウス・トゥッルス・ルソと同名の母ドミティア・ルキッラのあいだに生まれた。貴族の家柄で父ルソは二度執政官を務めている。成人したのちはマルクス・アンニウス・ウェルスと結婚した。ふたりの子をもうけたが、夫は一二四年に亡くなっている。夫と死別したあとはシングルマザーとしてふたりの子を育てた。再婚する女性が多いなかで、彼女は独身を貫いた。息子はマルクス・アウレリウス（一二一～一八〇年）。のちにローマ皇帝となる人物だ。

ルキッラは母方の莫大な遺産を相続した。そのなかに粘土を含む広い地所とレンガ製造業が含

ルキッラのレンガ。（左）123年、ディオクレティアヌス浴場*　（右）サンティ・ジョヴァンニ・エ・パオロ聖堂*

まれていた。ローマを流れるティベリス川（現テヴェレ川）の上流にその土地はあり、船で運搬しやすい地の利を得ていた。レンガ産業を手がける富裕な事業者の具体的な役割については議論が分かれるが、粘土の掘削と運搬など事業の統括を担い、実際に製造するのは下請けの工房だった。おそらく工房への出資などもおこなっていただろう[23]。ルキッラと提携する工房はかなりたくさんあったことが、レンガの刻印からわかっている。

トゥロピムスという人物もまた下請けとしてレンガを作り、刻印して、ルキッラに納品していた。彼はレンガ職人アガトブルスの解放奴隷だった。このアガトブルスもまた、ドミティウス家の解放奴隷だ[24]。つまり、アガトブルスはドミティウス家で奴隷として働き、レンガ製造の技術を身につけ、解放後に独立して、ドミティウス家のレンガ産業を請け負う工房をかまえた。その工房にトゥロピムスが奴隷としてやってきて、同じように解放後には工房を始めたのだろう。トゥロピムスがレンガを作っていた頃には、ルキッラがドミティウス家のレンガ事業を受け継いで、経営していた。事業者と工房の世代を超えた関係が垣間見える。

一世紀のはじめから人口増加に伴って住宅が高層化し、巨大な建造物も造られるようになった。その建築ラッシュを支えたのが、レンガとローマン・コンクリートだった。装飾用の大理石や石積みも用いられたが、コンクリートは安くて軽い建築資材であるために広がっていった。また焼《しょ》成《うせい》レンガは硬く、同じ形やサイズを大量に作ることができる。石を切り出すよりも簡単に、すばやく用意することができた。コロッセウム（現コロッセオ。円形闘技場）やカラカラ浴場も巨大なコンクリートとレンガの建築物だ。レンガとコンクリートを組み合わせたさまざまな使用方法が開発された。たとえば、レンガを型枠としてコンクリートを流しこみ、壁を造る工法がある。同じように扇形のレンガとコンクリートを組み合わせて円柱も造った。これは効率的であり、強度も十分に強かった。表面は漆喰《しっくい》で覆い、フレスコ画を描くなどして飾った。

レンガに記された刻印からその建築物の製造年を知ることができる。たとえば、現在もローマで目にすることができるパンテオン（万神殿）は、皇帝アウグストゥスの側近アグリッパによって紀元前二七年に建造されたと考えられていた。しかし一八九二年に発見されたレンガの刻印から、実際にはおよそ一五〇年後に第一四代皇帝ハドリアヌスによって再建された神殿であることが明らかになった。[25] 小さなレンガの記録はわたしたちに多くを伝えてくれる。

大量に消費されるレンガ産業はおおいに儲かった。とりわけルキッラの名を記したレンガは首都ローマのみならず地中海全域に輸出されていた。アフリカ北部のカルタゴでさえ、ルキッラの

コロッセウムの内部*

カラカラ浴場*

レンガが見つかっている[26]。ルキッラはすぐれた経営手腕で、家産をかなり増やした大富豪だった。それにもかかわらず、金持ちの暮らしとはかけ離れた簡素な生活をしていたという（マルクス・アウレリウス『自省録』第一巻三）。

永遠の都ローマも一つひとつのレンガの積み重ねでできた。ルキッラのレンガもしっかりとその役割を果たしている。

皇帝ネロがつくった、レンガの上に漆喰が塗られた宮殿ドムス・アウレアの壁*

コルシカ島のアレリア遺跡に残るレンガとコンクリートの円柱*

ラレス——家と家庭の守り神

古代ローマでは毎月の一日には、家の片隅にあるララリウム（ラレスの祭壇）で香をたき、お供え物を置いた。また、ノナエと呼ばれる五日（あるいは七日）と、イドゥス（月の真んなかの日）にあたる一五日（あるいは一三日）にも同じように儀式が執りおこなわれた[27]。

ラレスとは複数の男神たちで、単数形はラルという。二対のラレスがセットで祭られることが多かった。ブロンズやテラコッタの像が置かれる場合もあれば、絵で描かれることもあった。若い男性の姿で、足があらわになるような短い裾の服を着て、ダンスを踊る。丸く浅い献酒用の盃（パテラ）を手にして、もう一方の手に持つ角《つの》状の容器（リュトン）からワインを注ぐ。シトゥラと呼ばれる小さなバケツに酒を注ぐこともある。

各家庭にラレスがいて、その家を守っているが、起源についてはよくわからない。家庭のみならず、道路、海路、十字路、実りなどの守り神とみなされていた。ラレスは固有の神というよりも、土地と関連付けられる漠然とした神格というような性質であったと考えられる。土地神なので、家のみならず、奴隷などを含めたその場所に住む全員を守っている。

都会の集合住宅とは異なり、地方の一軒家にはララリウムが据えつけで造られることが一般的だった。ラライリウムは神社を模した日本の小型の神棚のように、小さな神殿の形をしていることも多い。家内安全や一族の繁栄を願うところも似ている。大きな家（ドムス）にはペリステュリウムと呼ばれる中庭があった。草花や低木、噴水、ベンチ、彫刻などが置かれ、家族の憩いの場となる。このような家族の集まる場所にラライリウムは造られた。家のなかに複数の祭壇をもつこともある。ポンペイのある家では、祭壇をモザイクで飾り、小さな噴水を備えている。小さな家では、ラライリウムの壁龕《へきがん》（壁のくぼみ）が造られた。ルキウス・ウェトゥティウス・プラキドゥスという人物が経営するポンペイの飲食店では、カウンターの端にラライリウムの絵が描かれている。

ラライリウムには家の守り神であるラレスのほかにも、家庭内で信仰される神々が祭られた。プラキドゥスの飲食店のラライリウムにも複数の神格が描かれる（↓一二四ページ左下）。神殿を模した祭壇の中央にいるのが守護霊ゲニウス（↓一七〇ページ）で、その左右にラレスが描かれる。ゲニウスのそばに祭儀に使う火が描かれているが、これはかまどの女神ウェスタを表している。いちばん左には

ラルの像　1−2世紀、メトロポリタン美術館

（上段左から）古代都市遺跡ヘルクラネウムに残るララリウム*／中庭に残るララリウム*　（中段左から）壁のくぼみにつくられた簡素なララリウム*／ポンペイに残る、噴水を備えたララリウム*　（下段左から）プラキドゥスが経営する飲食店のララリウム*／ゲニウスとラレスが描かれた壁画　ナポリ国立考古学博物館*

商売の神メルクリウス（ヘルメス）、いちばん右は酒の神バックス（ディオニュソス）だ。メルクリウスはラレスの父とされることもある。神々の下には二匹の蛇が描かれている。

一二四ページ右下、ポンペイから発掘された別のララリウムの壁画でも、中央にゲニウスと火がともされた祭壇があり、左右に酒を注ぐラレスが描かれる。そのあいだにやや小さく描かれた人々が犠牲獣の豚を運んだり、楽器を奏でながら祭儀を執りおこなう。下部にはやはり大きな蛇が二匹。この蛇は左が雌で、右が雄（髭《ひげ》がある）だ。蛇は土地の守護者として、家族を守るとともに豊穣と繁栄をもたらすと考えられている。[28]

家の守り神としては、ほかにペナテスがいる。ペナテスはもともと貯蔵室の神々で、家の食物を守っていた。のちに家屋全体を守る神としてやはりララリウムに神像が置かれた。食事のときにこぼした食べ物はペナテスに捧げられたという。ローマ建国の叙事詩を描いたウェルギリウスの『アエネイス』では、陥落するトロイアから逃れたアエネアスがペナテスの神像を持って脱出し、のちにローマとなるラティウム地方に運んだ（第二巻）。父祖伝来の家神を新しい土地に移したことが、ローマへとつながる血脈の継続を象徴的に表している。

男子が成人するとき、子どもの頃から首にかけていたお守りと剃った髭をラレスに捧げた。女子は結婚式前夜に人形やお守りなどをララリウムに置いた。そして、嫁ぎ先の家ではまずラレスに忠義の祈りを捧げる。新たな家で新たなラレスの祭儀を執りおこなう義務が、夫と妻にあるからだ。そしてそのときから、ラレスは家族の成長を見守りつづける。

クィントゥス・ウォルシウス・アントゥス
——交通事故で亡くなった少年〔二世紀〕

アントゥスはローマの港町オスティアに暮らす少年だった。父は同名のクィントゥス・ウォルシウス・アントゥスで、母はウォルシアだ。ふたりがまだ奴隷だったときに生まれたようだ。しかし、解放されたあとに夫婦は離婚あるいは死別したため、父は義母となるシリア・フェリクラと再婚した。義母との生活も順調だった。アントゥスにはウォルシア・ニケという妹ができた。父は何らかの商売をしていたのかもしれない。家族の墓碑には解放奴隷のシリア・ニケとガイウス・シリウス・アントゥスの名前も記されている[29]（CIL XIV 1808）。

家族に愛され、楽しく暮らしていたのに、ある日突然、平穏な日々が終わってしまった。アントゥスは道端で遊んでいたとき、牛車にひかれて亡くなってしまったのだ。ローマの町には車が行きかい、交通量も多かった。子どもの遊べる場所は市壁のなかには多くない。道端で遊ぶ子どもには危険だった。残念ながら交通事故はくり返し起こっていたようだ。

インテラムナの町（現テルニ）でもまだ幼いルキウス・ウァレリウス・マグヌスが事故にあってしまった。八歳のマグヌスが兄のもとへ行こうと駆け出したとき、馬車の車輪にぶつかって命を落とした。父エウアリストゥスと母ムッリア・アンプリアタの悲しみは計りしれない（CIL XI

牛車　サンタ・コスタンツァ霊廟の天井のモザイク*

屋根付きの四輪馬車　ローマ・ゲルマン博物館　©Nicolas von Kospoth / Wikimedia

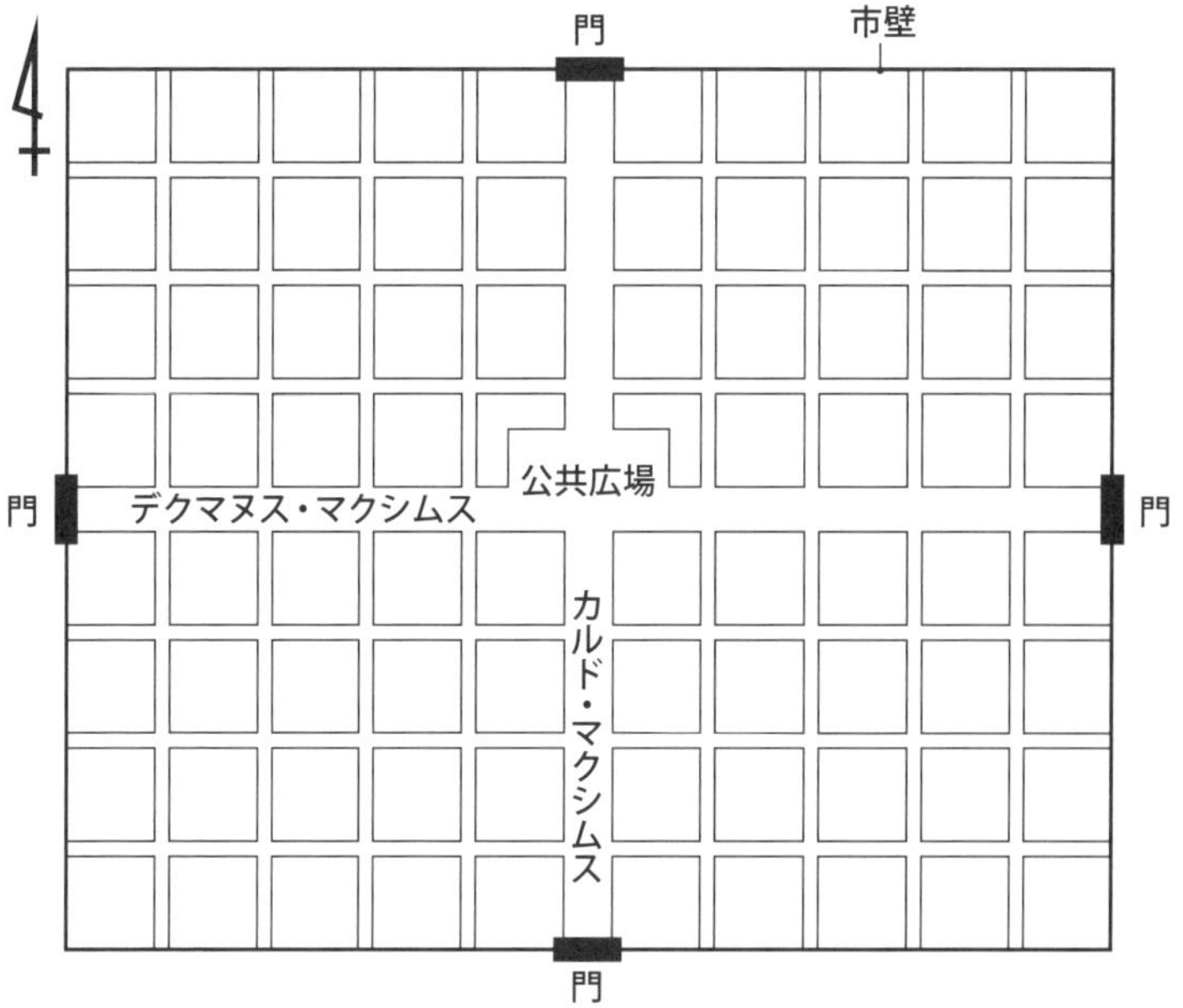

ローマの都市構造

431〜)。二世紀のミュシア地方の町でもプブリウス・ナエウィウス・マクシムスの息子ヘレイウスが道で馬に蹴られて亡くなった。まだ六歳だった[30]。

町なかの道は狭かった。馬車がすれちがえるほどの大きい道は少なく、一方通行の路地がほとんどだった。ローマの基本的な都市の構造は軍事キャンプのつくり方に由来する。東西南北に敷かれた大きな基幹道路が中心となり、あいだを埋めるように均等に小さな路地が造られた。碁盤の目のような町並みだった。東西に貫く基幹道路をデクマヌス・マクシムス、南北に貫く基幹道路をカルド・マクシムスと呼ぶ。幅の広いデクマヌスとカルドが交差するところに、町の中心となる公共広場がある。広場にはもっとも重要な神殿が造られるとともに、行政を担う建物や経済の中心となる商業施設が建てられた。広場は宗教的にも政治的にも経済的にも中心となる場所だった。町全体は四角い市壁によって囲まれ、デクマヌスとカルドに通じるところに門が造られた。

もちろん地形にあわせて町はつくられるので、基本通りの設計を貫くことは難しい。たとえばローマの港町オスティアのように川に面する場合には、町の形状も流域の地形にあわせたものになるし、川側に城壁は造られなかった。ポンペイのデクマヌスは東西に貫くアボンダンツァ通りだが、町が東側に大きく拡充したため、広場は町の中心ではなく西側に寄っている。首都ローマのように七つの丘を含む都市では碁盤の目にはならない。ただし、広場が都市の中心となることは変わらない。

基幹道路以外は片側通行の小さな路地だったが、それにもかかわらず馬車の交通量はかなり多かった。ポンペイの石畳に残る轍《わだち》がその情景を物語っている。そのため道路にも工夫がなされて

車道と歩道が分かれるポンペイの町*

飛び石のような大きな石が置かれた横断歩道。アボンダンツァ通りの交差点*

広場の入り口に置かれた、車の進入を止めるバリケード。アボンダンツァ通り*

（左から）ポンペイの狭い路地*／手綱を結びつけるための穴*

いた。ポンペイの町並みからわかるように、車道と歩道が分けられている。歩道は車道よりも一段高くなっていて、ガードレールのように車両の逸脱を防いだ。飛び石のように置かれた大きな石は横断歩道の役割を果たす。馬車がここを通るときには、速度を落としてあいだをすり抜けねばならない。スピードの出しすぎを防止するためのしくみだ。人々が生活を営む広場には車止めのバリケードが置かれて、いまでいう歩行者天国になっていた。都市によっては日中の車両使用が制限される場合もあった。ポンペイの路地を歩いていると、ときどき車道のわきに穴の開いた縁石がある。ここに馬やラバの手綱を結びつけて、一時的に止めた。古代のパーキングだ。

ローマの道路はよく整備されていた。それでもアントゥスや子どもたちは交通事故にあってしまった。豊かなはずの都市生活によってもたらされた不幸だ。

第3章　日常生活をのぞき見る

アンナ・ペレンナ——民衆に愛される女神

アンナ・ペレンナの祝祭は、三月一五日におこなわれた。ローマの中心からフラミニア街道沿いに一・五キロほど進んだあたり、ティベリス川（現テヴェレ川）のそばが主祭場だと考えられている。古代ローマの新年は三月から始まり、最初の満月が一五日だった。アンナ・ペレンナの祭りは新年と春の到来を祝う。「アンナ・ペレンナ（Anna Perenna）」の語源は一説に「永遠に続く歳月（annus perennis）」と理解され、「年月のくり返し」を体現する女神だとみなされた。[1]

オウィディウス『祭暦』第三巻に祝祭の様子が描かれている。人々は長寿を願い、望む年数と同じだけ盃を飲み干す。なかには一〇〇〇年も生きられるくらいに飲む人々がいる。酔っぱらった老女が酩酊した老人を引きずって帰る様子も見られたという。歌い踊る人々。ローマ人が愛する陽気などんちゃん騒ぎ。この祝祭には、男も女も老人も若者も参加していた。

紀元前一世紀中頃につくられたユリウス暦以前の祭暦の碑文によると、ローマの主要な祭日は一年間に一〇九日あった。そのうち、六一日は国をあげての公的な祭日に定められていた。[2]時代が下ると祭りはもっと増える。さらに、個人や家族で執りおこなう私的な儀式や地域ごとの祝祭もあったろう。祭日はそれぞれの神に捧げられるもので、儀式は祭りごとに異なる。どんちゃん騒ぎの祝祭は少なかったかもしれないが、ローマ人がさまざまな祭りを楽しんでいたことは間違いない。祭りにはワインやご馳走がつきものだったから。日常的な営みから離れ、特別な時間を過ごすことで、人々は活力を得ていた。

アンナ・ペレンナが女神となった起源について、オウィディウスは複数の説を伝えている。そのひとつがカルタゴの女王ディドの妹アンナのエピソードだ。ウェルギリウスの『アエネイス』にも登場する彼女は、カルタゴ（現在の北アフリカ・チュニジア）が滅んだときに逃れ、ローマ周辺のラティウム地方にまでやってきた。その後ヌミキウス川に飛びこんで、「尽きない川(amnis perennis)」のニンフになったという。ローマ固有の女神がアフリカに由来するというのは興味深い。

もうひとつは前四九四年に勃発した聖山事件と関連する。これは、貧しい平民たちが貴族に反旗をひるがえし、聖山（モンス・サケル）に立てこもった事件だ。すぐに食料が乏しくなってしまったが、そのときに老女アンナが毎朝パンケーキを焼いて配り、人々は命を長らえることができた。そして平和が訪れたとき、人々は感謝の意を込めてアンナの像を立てたという。聖山事件は平民の政治的権利を向上させるきっかけとなった。平民の代表者であり、民衆を守る役割を担う護民官という公職が新たに定められたからだ。歴史的に重要な出来事にも、神話・伝説的な要素が含まれている。

一九九九年、地下駐車場の建設作業中に「アンナ・ペレンナの聖なる泉」が発見された。この遺跡は、ローマ北部のエウクリデ広場近くに位置し、地下六・二〜一〇・三メートルの深さにあ

地下に発見されたアンナ・ペレンナの聖なる泉*

る。泉源を囲む二層の貯水槽からなり、上段から下段へと水が流れる構造をもつ。その壁面には三つの碑文が埋めこまれており、アンナ・ペレンナとニンフたちに捧げられた泉であることが確認された。また、碑文のひとつからは、一五六年四月五日に奉献されたこともわかった[3]。いくつかの水路や排水溝も確認できるが、全体を見ることはできない。遺構は工事のときに破壊され、大部分は地下駐車場のコンクリート壁に埋められてしまった。

聖なる泉からは五四九枚のコインが見つかった。トレヴィの泉のように、願いを込めて投げ入れられたものだろう。コインはアウグストゥス時代以降のものが多く、少なくとも前一世紀から後六世紀頃まで使用されていたことがわかる。またほかの出土品の年代測定から、この泉は前四～前三世紀頃にはすでに聖域に指定されていたと考えられている。

コインのほかにはオイルランプや松ぼっくり、銅板などの奉納品が出土した。そこには、呪いの文言やまじないが刻まれているものも多い。固有名を挙げて恨みを綴るもの。恋人の心を自らに引き留めようとするもの。絵が描かれているものもある。いまは薄暗い地下駐車場の一角にひっそりと痕跡を残すのみであるが、遺跡から発見された品々からは、何世紀にもわたる人々の思

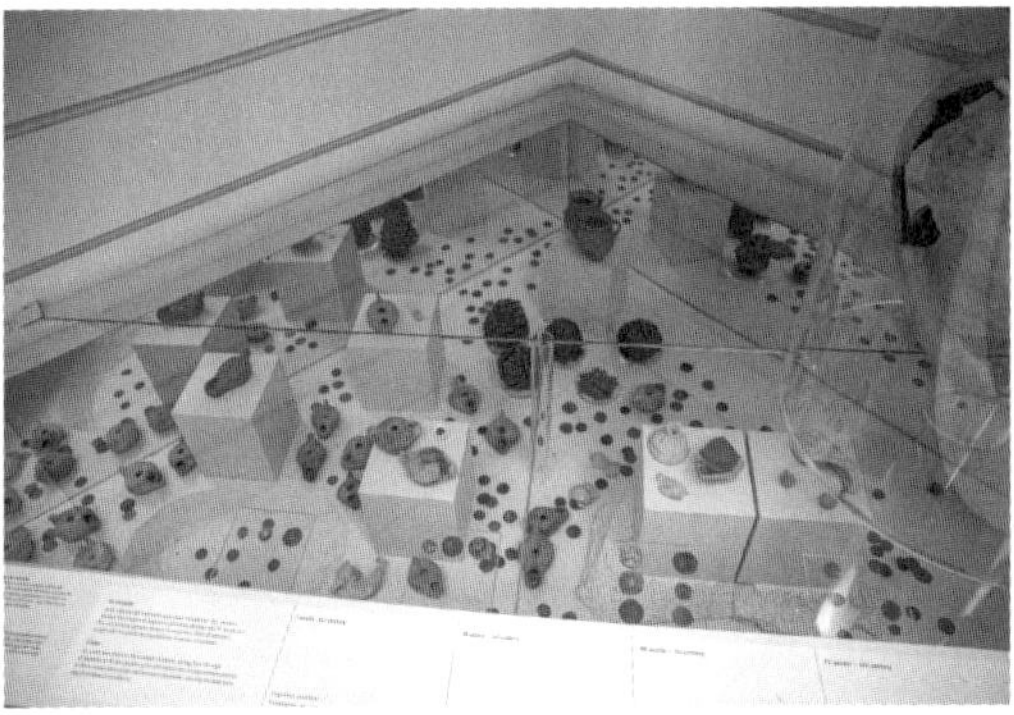

泉に投げ入れられたコインなどの奉納物　ディオクレティアヌス浴場*

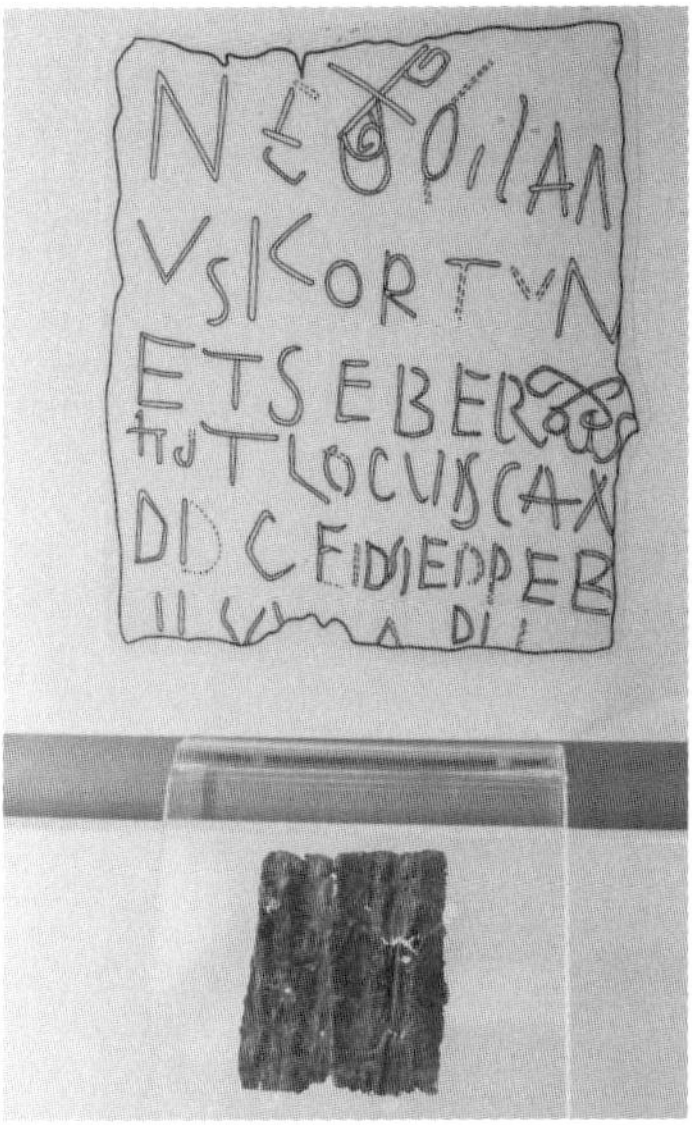

フォルトゥヌスとセベルスというふたりの男性への呪いを刻んだ銅板　ディオクレティアヌス浴場*

呪詛板を入れて泉に沈められていたオイルランプ　ディオクレティアヌス浴場*

いが垣間見える。
　アンナ・ペレンナの祝祭は、この聖なる泉のまわりでもおこなわれたであろう。泉を囲んで酒を飲み、歌い踊る人々。そして酒に焼けた喉を、この水で潤したにちがいない。

トゥリア（仮）――内乱を生きた女性〔前一世紀後半〕

紀元前一世紀、夫が妻の葬儀で追悼演説をおこなった。その言葉を記した墓碑の断片が残っている（CIL VI 41062）。もとの碑文は高さ二五〇センチ、横幅八四センチの石板二枚の大きなものだ[4]。この墓碑は「トゥリア追悼碑文」と呼ばれている。碑文に夫と妻の氏名は記されていないが、夫は前一九年に執政官を務めたクィントゥス・ルクレティウス・ウェスピッロで、妻がトゥリアだと考えられていたからだ。現在ではその説は否定されているが、いまでもこの女性は「トゥリア」と仮に呼ばれている。そのためこの項でも妻をトゥリア、夫をルクレティウスと呼びたい。

トゥリアが生きた前一世紀は内乱の時代だった。ローマが拡大し、強大な力を得るなかで権力争いが起きたのだ。ポンペイウス、クラッスス、カエサルなど、有力者たちが派閥をつくりながら権力闘争をくり広げ、内戦に発展した。トゥリアとルクレティウスとの婚約が決まった前四九年頃、ルクレティウスもその闘争に巻きこまれた。ちょうどカエサルが軍を率いてルビコン川を渡った年だ。まだトゥリアと正式な結婚をしていないときに、彼にも危険が迫っていた。そこで彼は亡命を決意しローマをあとにしようとする。別れのとき、トゥリアは身につけていた金や真珠などの宝石をすべてルクレティウスに渡したという。その資金をもとに、ルクレティウスはロ

トゥリア追悼碑文　前１世紀、ディオクレティアヌス浴場*

ーマからマケドニアへと亡命することができた。亡命しているあいだにも、トゥリアは危険を冒してひそかに資金をルクレティウスに送っていた。

同じ頃トゥリアの義弟（妹の夫）にあたるガイウス・クルウィウスもアフリカに亡命した。マケドニアとアフリカという亡命地から、ルクレティウスとクルウィウスはともに反カエサル派の人物で、ポンペイウス側についていた有力者であったことがわかる。トゥリアの家柄も同じようにローマの富裕層であっただろう。

内乱は社会全体に混乱と荒廃を引き起こす。それはローマに残っていたトゥリアの身にも及んだ。田舎を訪れていた両親が何者かに殺害されてしまったのだ。殺害犯については碑文には明示されていない。しかし、婚約者ルクレティウスと義弟クルウィウスが不在のなかで、トゥリアと妹はふたりだけで殺害者を探し、罰を受けさせたという。探偵のように犯人を特定できたことから、盗賊や強盗による場当たり的な犯行ではなく、何らかの陰謀があったのではないかと推測されている。[5]

殺害犯への罰が成し遂げられたあとには、トゥリアはすぐにルクレティウスの母のもとに向かった。亡命を案じる義母を安心させるためだ。トゥリアの気丈さとやさしさが表れている。しかし、トゥリアの気が休まることはなかった。父親の相続に関する争いが生じたのだ。両親ともに急逝したため、遺言に不備があり、親族がその点をついて財産を横取りしようともくろんだ。[6]

トゥリアのような富裕層の財産には、土地や金銭のみならず、多くの奴隷や家業も含まれていた。その遺産を守るため、トゥリアは裁判で闘った。そして不利な状況だったにもかかわらず勝訴し、財産を妹とともに分けたという。ローマでは、夫婦が財産を別々に有して管理する形態が普及していた。すでに結婚していた妹も資産を個人として得ることができた。トゥリアは自ら裁判で守り抜いた財産を使って、亡命していたルクレティウスに援助していたのだろう。

だがふたりはまだ婚約中であり、結婚はしていなかった。前四七年頃、カエサルがポンペイウスを倒し、権力を盤石なものとして国政が安定し、ついにルクレティウスは亡命先から戻ることができた。帰国してすぐにトゥリアとルクレティウスは結婚したと考えられている。

しかし内乱はまだ治まることなく、ふたたび夫婦に試練を与える。前四四年にカエサルが暗殺されたあと、情勢が不安定となる。新しい体制を模索するなかで、前四三年にレピドゥス、アントニウス、オクタウィアヌス（のちのアウグストゥス）の三頭政治が成立した。この体制はかつての反カエサル派の粛清をはじめ、ルクレティウスもその対象となる。ふたたび命の危険が差し迫ったが、トゥリアはすばやく対応し、妹と義弟クルウィウスの協力を得て、夫を見つからないように匿《かくま》った。【7】さらに彼女は積極的な対応に出る。オクタウィアヌスとレピドゥスの政治的な緊張関係を利用しながら、トゥリア自身がレピドゥスに直訴し、ついには赦免を勝ち取ったのだ。【8】

その後も混乱の時代は続いたが、結婚生活は安定していた。ただ残念なことにふたりは子どもに恵まれなかった。富裕な家においては家督の継承は重要な問題だ。トゥリアは子どもができないことで離婚を申し出たほどだった。しかし困難を乗り越えてきたふたりの絆は強い。前七年頃トゥリアが亡くなるまで、四一年間の結婚生活は変わらぬ愛で続いた。

内乱という困難な時代にトゥリアはたくましく生きた。現存する碑文は断片でしかないが、彼女の勇敢な姿を深く刻みこんでいる。

スペンド――ふたりの妻を亡くした奴隷　〔一世紀中頃〕

スペンドは、裕福な貴族階級のウォルシウス家の奴隷だった。家の主はクィントゥス・ウォルシウス・サトゥルニヌスだが、おそらく妻トルクァアタに仕えていた。主人のサトゥルニヌスは二五年生まれで、五六年には執政官を務め、元老院議員になっている。サトゥルニヌスの父はルキウス（前三八年～後五六年）で、母はコルネリア・レントゥラ。父は九三歳まで生き、亡くなったときには皇帝ネロのもとで国葬がおこなわれたほどに有力な人物だったという。サトゥルニヌスとトルクァアタのあいだにはふたりの息子とひとりの娘がいた。息子たちも政治的に活躍している。このような裕福な家の奴隷としてスペンドは暮らしていた。

スペンドの最初の妻パノペも同じ家の奴隷で、女主人トルクァアタのヘアメイクを担当していた。ローマでは時代ごとに流行の髪形が大きく変わる（↓一四七ページ）。裕福な家の女性は、ヘアメイクができる家内奴隷を従えて凝った髪形をつくりあげていた。しかし、パノペは二二歳の若さで亡くなってしまった。

次いで、スペンドはポエベと結ばれた。ポエベも女主人トルクァアタに仕える奴隷で、「鏡の管理」をしていたという。[9] おそらくヘアメイクや化粧係の役割を担っていたのだろう。しかし彼女も三〇歳で亡くなった。スペンドが捧げた墓碑には、彼自身とふたりの妻が同じ墓に眠っていることを告げている（CIL VI 7297）。

スペンドとふたりの妻の墓碑は、アッピア街道沿いにあるウォルシウス家の納骨堂（コルンバリウム）に収められている（↓一八一ページ）。同じ家に仕えていた奴隷や解放奴隷が組合をつく

髪を結う様子　ポンペイの壁画*

銀の鏡　１世紀、メトロポリタン美術館

って共同墓地を管理することは一般的だった。スペンドが眠る納骨堂には確認できるかぎりで二〇四人分の墓標があるが、そのうち三三組は夫婦だった。奴隷同士、解放奴隷同士が多いが、「夫が奴隷で妻が解放奴隷」や、「夫が解放奴隷で妻が奴隷」の組み合わせもある[10]。奴隷は解放されたあともその家で働きつづけることがあった。大きな屋敷でたくさんの奴隷や解放奴隷が働いているなら、同じ家に仕える奴隷たちが恋に落ちることは自然なことだ。奴隷の場合でも、主人の許可は必要であるが、結婚は認められていた。

スペンドと妻のあいだに子どもがいたかどうかはわからないが、奴隷夫婦が子を産むことはもちろんある。奴隷から生まれた子どもは、主人に属する奴隷となった。奴隷夫婦から子どもが産まれることは主人にとっても利点がある。たとえば、奴隷の子どもは主人の子どもと一緒に育てられ、ともに学び遊ぶ相手となった。また特殊な技術を身につけさせ、成長してからも家の仕事を任せられるような人物に育てようとすることもあっただろう。

奴隷は法的には主人の所有物だった。裕福な家なら数百人の奴隷を所有していることもある。それほど裕福でない家でも、一～二人の奴隷を所有することはあった。主人の立場によって奴隷の暮らしは大きく変わる。自営業の小さな家で働く奴隷なら、子守や家事から仕事の手伝いまで幅広くおこない、寝食をともにしていた。農園で働く奴隷は肉体労働を強いられていたし、鉱山奴隷はさらに過酷だったという。富裕層の家内奴隷の場合、奴隷の労働も分業になっていた。主人の秘書や仕事の補佐から、家事全般、庭師、料理人、子どもたちの教育にいたるまで、さまざまな職種があった。スペンドがどのような仕事に従事していたかはわからないが、裕福な家の奴隷は、貧しい市民よりも暮らし向きがよかったといわれることもある。

主人の豊かさにもよるが、奴隷は賃金やチップをもらえることがある。これらを貯めてある程度の金額になれば、主人から自分自身を買い取ることもできる。値段の交渉は主人とのあいだでおこなわれたであろうから、主人の性格の良し悪しは奴隷の人生に大きく影響していただろう。また、正式な手続きを経て解放された奴隷は、ローマ市民権を手にすることができた。解放奴隷という呼び方は残るが、権利は保障される。[11]さらに、市民となった解放奴隷の子どもは、自動的にローマ市民権を得ることができた。

解放されたあとでも主人の家とは関係が続いた。直接の部下になることもあるし、奴隷が身につけた技術を生かして独立し、出資者や取引相手になることもあった。スペンドのふたりの妻はどちらも美容の仕事をしていたから、若くして亡くならなかったら、技術を生かして美容室を開いていたかもしれない。

スペンドは墓碑に解放されたとは記していないので、奴隷のまま生涯を終えた可能性もある。奴隷という身分であっても、結婚や出産、家庭や仕事など人生にはさまざまな局面があった。妻との死別は何よりも耐えがたい出来事だったにちがいない。

ノスティア・ダプネ――流行りの髪形を結いあげる美容師〔一世紀初頭〕

ノスティア・ダプネはロングス街で美容室を営んでいた。クィリナリスの丘とウィミナリスの丘のあいだ、現在のローマ・テルミニ駅やディオクレティアヌス浴場跡、日本大使館からほど近い場所だ。ダプネは解放奴隷の女性だった（CIL VI 37469）。もとの主人は特定できないが女性に仕えていたようだ。スペンドの妻パノペ（↓一四一ページ）のように貴族の家にはヘアメイクを担当する奴隷がいた。ダプネもそのような家に仕えていたのかもしれない。

同じロングス街にはダプネの解放奴隷クレオパトラの美容室もあった（CIL VI 9736）。彼女は奴隷としてダプネの店で働き始め、技術を習得し、解放奴隷となってから独立して店をもったようだ[12]。おそらく店の開業にはダプネの経済的な支援があったろうから、クレオパトラ美容室はダプネ美容室の姉妹店のような位置付けになるかもしれない。

ダプネの夫はマルクス・ネリウス・クアドラトゥス。解放奴隷の金細工師だ。クアドラトゥスの工房もロングス街にあった（CIL VI 37469）。夫婦で別々に店を経営していたことから、ふたりはこのロングス街で出会ったのだろう。同じ街で店を切り盛りし、顔をあわせるなかで恋が芽生えた。職人として互いに異なる目標をもちながら、ともに歩むことを決断したふたり。街の人たちも温かく見守っていたことだろう。

ダプネは女性を相手に店舗で営業していたが、すべての美容師や理髪師が店舗をもっていたわけではなく、露店で商売する人も多かった。また男性の理髪師のほうが女性よりも数が多かったと考えられている。理髪店は男性に人気の社交場だった。友だちと会って冗談を言いながらおしゃべりをする。ときには商売の話もした。髪を整え、髭を剃りながら語りあう理髪師との会話も弾んだ。[13] ダプネの美容室でも女性たちの笑い声は絶えなかっただろう。「王様の耳はロバの耳」のように、噂や秘密の話も交わされたにちがいない。

とりわけ女性のヘアセットには時間がかかったので、さまざまな会話をしたことだろう。髪を染め、熱したこてでカールをつくり、ウィッグをつけ、ピンやヘアネットを使って結いあげる（オウィディウス『恋の技法』第一巻一四）。化粧をして手や足の爪も磨いたし、仕上げた髪に香料もふりかけた。髪形にはもちろん流行もあるし、それぞれの女性のこだわりも強い。

たとえば、紀元前一世紀後半には前髪を巻きあげる髪形が流行した。初代皇帝アウグストゥスの姉オクタウィア（前六九～前一一年）に好まれたスタイルだ。有名な女性たちはファッションリーダーだった。アウグストゥスの妻リウィア（前五八～後二九年）の肖像も前髪をあげているが、サイドに特徴がみられる。同時代の若い女性はこの髪形をアレンジしている。前髪の束に加えてサイドに編みこみをつくった。流行はあるにしても、個性や年齢によって好みが変わるのは現在と同じだ。ちょうどこの髪形が流行った頃に、ダプネは美容院を営んでいた。

一世紀中頃には前髪の巻きあげは少なくなり、顔に沿ってカールを巻くような髪形が流行した。

（上段左から）前１世紀後半の流行の髪形*／サイドが特徴的なリウィアの胸像*／サイドを編みこんだ前１世紀末の流行の髪形*　（中段左から）顔に沿ってカールを巻く１世紀中頃の髪形*／前髪を大きく立てる１世紀後半の髪形*／それを横から見た様子*　（下段左から）前髪の盛り方が変化したポンペイア・プロティナの胸像*／それを横から見た様子*／115 年頃の編んだ髪を巻きあげた若い女性の胸像*　すべてマッシモ宮殿

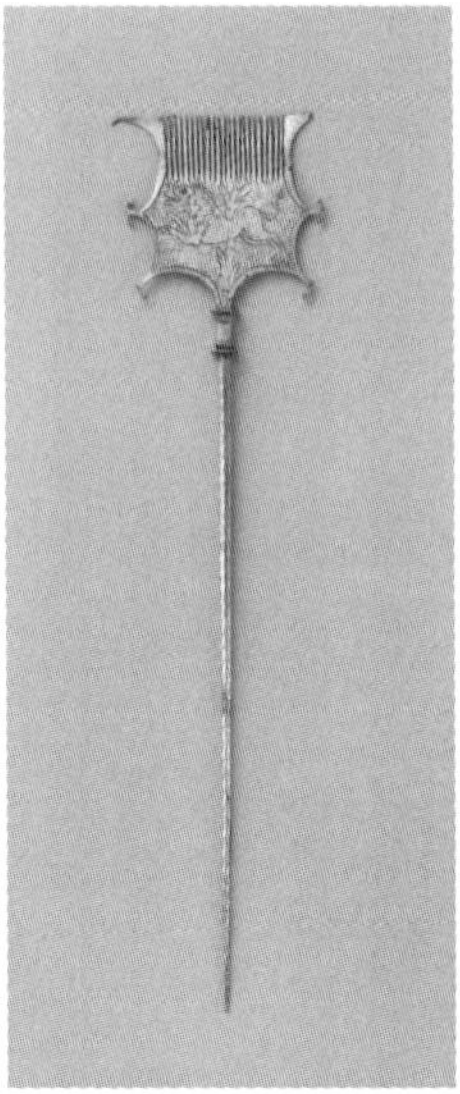

ヘアピン　前１世紀中頃、メトロポリタン美術館

これは皇帝クラウディウスの妻で、皇帝ネロの母アグリッピナに見られる髪形をアレンジしたものだという。一世紀後半（六九～九六年頃）の肖像には、前髪を大きく立てる髪形がみられる。少しあとの時代、トラヤヌス帝の妻ポンペイア・プロティナ（一二二年頃没）の肖像でも前髪を大きく盛りあげているが、整え方に流行の違いがある。同時期の若い女性には、編んだ髪を王冠のように巻きあげる髪形もよくみられた。肖像に描かれる髪形から作成年代を推定することができるほどに、流行の変遷は大きかった。[14]

ダプネの美容院にもおしゃれな髪形を求めて女性たちが集まっていたことだろう。金細工師の夫クアドラトゥスはその髪形にあうような髪飾りを作っていたかもしれない。髪形を変える理由はさまざまだ。少し気分を変えたいとき、新しく挑戦するとき。何気ない日常の一断片にダプネは寄り添っていた。

ドミティア・プレクサ――小さな香油店の経営者〔一世紀前半〕

ドミティア・プレクサは夫とともに香油の専門店を営んでいた。彼女はもともとドミティウス家の奴隷だったが、女主人ドミティア・カルウィナに解放された。夫はポピリウス家の解放奴隷ガイウス・ポピリウス・アントゥスだ。それぞれが仕えていた主人の家は裕福で、執政官を輩出するような有名な家柄だった。ふたりは別々の家に仕えていたが、解放後に結婚して、香油を扱う店をかまえたのだろう。

香油は高価なものだったが、神々や死者への供物として用いられ、美容や健康のためにも好まれた。香油は、オリーブ油のような油性の液体を基剤に香料を混ぜて作る。液状の香水とペースト状の軟膏があった。プリニウスによると、もっとも広く一般的に用いられていた香油はバラから作られるものだという。たとえば、バラ油をベースとして、そこにオリーブの汁、バラの花びら、サフラン、竜血、葦、蜂蜜、イグサ、塩、ワインを加えて作る。バラの種類によっても香りが変わり、香料の種類や調合も多様だった（『博物誌』第一三巻九）。

香料は地中海各地から集められ、エジプト産、キプロス産、カプア産といったように産地ごとに特産品や価値も異なった。東方の地域、アラビアやインドは香料産地として有名で、高価な香

凝つたデザインの香油瓶　１世紀、メトロポリタン美術館

料が大量に輸入された。香油の価格は含まれる成分によって決まるために、一般的に手に入るものから、超高級品までさまざまだった。

香はリラックスにもなるし、ステータスや魅力にもつながる。富裕層は高価な香油をたっぷりとつけて外に出かけた。ホラティウスの詩のなかでは、髪に香油をつややかに塗った若者の姿が描かれている（『カルミナ』第一巻五）。それは裕福で魅力的な男性であることを意味している。そのように香油は贅沢品ではあるが、日常生活に溶けこんでもいた。普段使いのためにも、プレゼントのためにも購入した。ローマには「香油街」と呼ばれる専門店が立ち並ぶ通りさえあった。また香油は鉛やガラス、雪花《せっか》石膏《せっこう》（アラバスター）などの容器に入れられた。凝った作りのガラス瓶がたくさん出土している。人々がこぞって香油を求め、香油と関連する産業が活気づいていたことがわかる。プレクサの

アントゥスの墓碑　１世紀前半、カピトリーニ美術館*

店もそのうちのひとつだった。

しかし、香油商は高額商品を扱うために、多額の資本金が必要となる。解放奴隷が店舗を出す場合には、以前の主人が投資することが多かったようだ。それは主人にとっても利回りのよい投資になる[15]。

ドミティウス家の解放奴隷プレクサとポピリウス家の解放奴隷アントゥスの夫婦は死別するまでのあいだ、三五年間連れ添った。先立った夫アントゥスの墓碑は、妻プレクサとガイウス・ポピリウス・ヘルメロスによって建てられた（CIL VI 10002）。ヘルメロスもポピリウス家の解放奴隷なので、アントゥスとは以前から親しかったのだろう。

ドミティア・プレクサの名が記された碑文はもうひとつ発見されている。同じ場所で見つかった同時代のもので、同一人物であると考えられる[16]。この墓碑は、ふたりの解放奴隷サルウィウスとサビヌスが、亡くなったアテナイスという女性のために建立した。サルウィウスとサビヌスのふたりが奴隷として仕えていたのはポンティウス家であり、アントゥスやプレクサが属していた家とは異なる。しかしこのアテナイスは、ドミティア・プレクサの解放奴隷だった[17]（CIL VI 16988）。つまり、プレクサは自らが女主人となって奴隷アテナイスを所有し、のちに解放したのだ。

三つの異なる家の奴隷だった彼らの関係は明確にはわからない。想像の域を出ないが、おそらく次のような経緯があったのではないだろうか。

プレクサと夫アントゥスの香油店は評判もよく、ふたりが属していたドミティウス家とポピリウス家も懇意にしてくれる。店にはアントゥスの奴隷仲間ヘルメロスも働いている。商売が軌道に乗ると人手が必要となる。遠方の業者との取引が必要だし、調合や瓶詰め、配達にも手がかかる。そこでちょうど解放されたばかりのサルウィウスとサビヌスのふたり組を雇い入れた。若い彼らには力仕事も任せられる。さらには帳簿の整理に忙しいプレクサに代わって、店番も欲しい。街角の店舗には女性奴隷の販売員がよく見られた。そこでプレクサは奴隷としてアテナイスを買うことにした。

こうして、六人の共同生活が始まった。奴隷という同じ境遇を経験した彼らは、店の経営を通じて絆を深めていっただろう。プレクサとアントゥスが亡くなったあとも、その結びつきは強かった。同じ墓に入るほどに。社会的な身分の違いが如実に表れる古代ローマにおいても、結局のところ人と人との結びつきで社会は形成されていく。家族経営の小さな商店には、新しい家族の在り方を模索する様子が垣間見える。

ガイウス・アプレイウス・ディオクレス

――戦車競走の賞金王〔二世紀前半〕

ローマでもっとも人気のある娯楽は戦車競走の観戦だった。巨大な競技場には多くの人が詰めかけ、ひいきの選手に声援を送り、賭けもおこなわれた。戦車競走はロムルスのサビニ女性略奪の際に開催された競技祭に起源をもち（↓四九ページ）、その略奪が起きた場所に、タルクィニウス・プリスクスが競技場の基礎を築いたといわれるので（↓六一ページ）、起源は古い。一世紀のプリニウスが伝えるところによると、戦車競技場キルクス・マクシムスには二五万人分の観客席があるという（『博物誌』第三六巻一〇二）。新国立競技場でさえ収容人数が約六万八〇〇〇人だということを考えると、その歓声は地鳴りのようだろう。ガイウス・アプレイウス・ディオクレスはその戦車競走のスター選手だった。

ディオクレスは一〇四年にヒスパニアのルシタニア（現ポルトガルのラメゴ）で生まれた。山間の小さな村だ。幼少期をどのように過ごしたかはわからないが、戦車競走の御者として早くから頭角を現していたのだろう。一二二年に一八歳で「白組」に所属し、ローマでプロデビューを果たした。その二年後、一二四年に初勝利をおさめた。二四年の選手生活で、四二五七レースに参加し、一四六二勝した。そのうち一一〇勝は大会の輝かしいオープニングレースでの勝利だという。二位と三位をあわせた入賞は二九〇〇回にのぼる。一三一年には年間勝利回数一三四回という新記録を打ち立てるなど、さまざまな記録を更新した。生涯獲得賞金額は三五五〇万セステ

戦車競走の四組のモザイク　3世紀初頭、マッシモ宮殿*

四組の御者が戦車を操る様子　4世紀初頭、マッシモ宮殿*

ルティウス（およそ一一三億円）を超える（CIL VI 10048）。現在の価値に置き換えるのは難しいが、歴史上もっとも多くの賞金を獲得した選手といわれることもある。破格の賞金王だったことは間違いない。

　そして、一四六年、四二歳のときに選手生活を引退した。その後はローマ郊外のプラエネステ（現パレストリーナ）に家を買って穏やかに過ごした。ふたりの子ども、ニュンピディアヌスとニュンピディアにも恵まれた。彼に捧げられた献辞には「最高の御者」と記されている（CIL XIV 2884）。

　ディオクレスが「白組」に所属したといわれていたように、ローマの戦車競走は厩舎《きゅうしゃ》の組に分かれて対戦した。組は白・青・緑・赤の四組に分かれていた。一組につき数台の四頭立て馬車（あるいは二頭立て）を走らせる。時代によっては六組あったが、四組に三台の馬車が走る場合でも一度に四八頭の馬が走ることになるので、六組では多すぎた。それほど多くの馬が参加する競争が一日に一〇から一二レースおこなわれた。

　観衆は色ごとに分かれた組を応援する。御者は組の勝利のために走行するので、帰属意識は強かっただろう。しかし、御者の組替えもしばしばあった。ディオクレスは白組に六年ほど所属したあと、青組、緑組に移り、一三一年から引退までは長く赤組に属した。御者は一〇代から選手生活を始めるのが一般的だったが、最初は奴隷身分であることも多かった。奴隷の場合には自分の意思で組を替えることはおそらくできなかったであろうから、主人によるトレードがおこなわれたのだろう。だが解放されたあとには組替えも自由にできた[18]。御者は勝利したときの賞金のほかに、報酬も受け取っていたので、有名な選手なら高額なオファーがあったにちがいない。

選手の報酬が高いのは、危険な競技だからでもある。四頭の馬に引かせた複数の戦車がU字型

戦車競走の勝者のモザイク　3世紀、スペイン国立考古学博物館

四頭立ての戦車　ミュンヘン州立古代美術博物館
©MatthiasKabel

のコース（八・五キロ）を七周まわる。猛烈なスピードで戦車同士がぶつかりあい、コーナーをまわるときには、砂を巻きあげて走る車輪が道をそれて衝突することもある。その激しさが見どころだった。選手はプロテクターを着けていたが、それでも命を落とすこともある。二〇四八勝したフラウィウス・スコルプスは、一世紀のスター選手だったが二七歳で亡くなってしまった。詩人マルティアリスも彼の死を悼む歌をうたっている（『エピグランマタ』第一〇巻五〇）。奴隷の子として生まれたポリュニケス・マカリウスとモッリキウス・タティアヌスは、兄弟で有力な御者だったが、兄は二九歳で、弟は二〇歳で亡くなった[19]（CIL VI 10049）。

それでも、御者にとってプロ選手になることは大きなチャンスだ。たとえ奴隷であったとしても財産を築き、名声を得ることができる。たとえばアウレリウス・ヘラクリデスという選手のように、引退後トレーナーになることもできた（CIL VI 10057）。ギリシアの戦車競走では御者よりも馬主に栄誉が与えられたが、ローマでは御者自身に大きな利益があった。

人々は賞金王ディオクレスのレースに熱狂し、そのスペクタクルに魅了された。競技場はローマの支配地域全体に造られるようになったので、同じような光景が各都市で見られただろう。しかも観戦は無料だった。皇帝をはじめとする富裕な有力者たちが競技会を開催していた。人が人間らしく幸福に生きるためには楽しみが必要だ。健全な社会を維持するためには娯楽が欠かせない。ローマにおいては富の還元のひとつの形態として戦車競技が提供されていたのだ。

プリスクスとウェルス――ふたりの剣闘士〔一世紀後半〕

八〇年、巨大な円形闘技場が完成した。のちにコロッセウム（現コロッセオ）と呼ばれることになるが、正式名称はフラウィウス円形闘技場という。着工した皇帝ウェスパシアヌスと工事を引き継いで完成させた息子、皇帝ティトゥスの氏族名がつけられている。五万人の観客が熱狂するなかで、開幕式がおこなわれた。初日のハイライトは有名な剣闘士プリスクスとウェルスの対戦だった。激しくぶつかりあうふたりの剣闘士。両者の実力は互角で、戦いは長く続いた。

剣闘士の戦いはどちらかが負けるまで続く。盾を捨てて、人差し指を立てるというジェスチャーで降参を示した。審判が勝敗を判定すれば、それ以上攻撃を加えることはできない。ただ最後の審判を下すのは主催者だ。敗者に死を与えるか、助命するか。プリスクスとウェルスの戦いは、長く激しいものだった。最後はふたり同時に降服したという。そこで異例のことが起きた。素晴らしい戦いを見せたふたりに対して、ティトゥスが両者とも勝者にしたという。コロッセウムのはじまりにふさわしい激戦の模様は、詩人によって歌いあげられている（マルティアリス『見世物について』二九）。

プリスクスとウェルスの出自はわからないが、剣闘士には奴隷が多かった。とはいえ全員が奴隷だったわけではない。自由な市民、解放奴隷、戦争捕虜、罪人などあらゆる人々が剣闘士になった。議論はあるが女性の剣闘士もいたようだ。罪人はとくに重い判決がくだされた者で、公開処刑の意味があった。[20]自ら志願して戦う者の目的は賞金と名声だ。試合の報酬や賞金は多額だった。しかもマッチョな戦士は人気を得ることができた。華やかな剣闘士のレリーフがいくつも残されている。

激しい戦闘をくり広げる剣闘士の戦いは血生臭い死で終わるイメージが強いが、実情はやや異なるようだ。ある研究によると一世紀の状況ではあるが、一〇〇試合おこなわれたなかで死者は一九人だったという。二〇〇人の剣闘士がいたことを考えると、生存率は九〇パーセントを上回る。もちろん本物の武器で戦うのだから、戦闘のなかで命を落とした者、傷を負って試合後に亡くなった者はいた。なかでも罪人として戦った者は、極刑に処すことが目的なので、死亡率は高いはずだ。そのように考えると、敗者として戦って助命されずに亡くなった者の数は、かなり少なかったと考えられる。[21]魅力的な試合を展開できる人気のある戦士であればなおさらだ。プリスクスとウェルスのようにふたりとも勝者になることはめずらしいにしても、負けたら必ず命を落とすものではなかった。

その理由は剣闘士養成に多額の資金が必要であることも関係する。剣闘士は特定の剣闘士団に所属していた。興行師が各団体を率いて養成所をつくり、剣闘士の訓練をおこなった。興行師は引退した剣闘士で、団体を率いるだけの資金を得ることができた人物だ。養成所には元剣闘士の訓練士や医師なども属しており、大きな興行一家を形成していた。訓練では基本的な戦闘技術の

現リビアのトリポリにある、降参する剣闘士が描かれたモザイク　1－2世紀頃、ジャマヒリーヤ博物館

コロッセウムに残された剣闘士のレリーフ*

剣闘士のレリーフ　１世紀、チヴィタヴェッキア国立考古学博物館*

習得のみならず、見栄えのよいパフォーマンスをおこなえるようにした。張りのある魅力的な身体をつくることも大切だった。[22] 剣闘士は命懸けの戦闘を披露するプロのパフォーマーだったといえるだろう。一人前の剣闘士を育てるには、奴隷の購入から訓練、治療、装備、食事など、多くの時間と費用がかかる。興行師はたとえ興行の際に大きな利益を得るにしても、大家族の一員である剣闘士を簡単に失うわけにはいかない。

ひとりの剣闘士が興行で実戦をおこなうのは年数回であり、生涯においての対戦経験は二〇戦以下だったと考えられている。[23] そして剣闘士になって三年間生きていれば引退することが認められ、五年間生きていれば解放されて自由を手にすることができた。[24] そのあいだに十分な報酬を得ることもできただろう。

剣闘士の戦いはコロッセウムのみならず、各都市に造られた円形闘技場でおこなわれ、人々を虜にしていた。見世物は人気の娯楽になった。たくさんの養成所がつくられ、大会が開催された。知名度が高く、すでに評価されていたプリスクスとウェルスは試合経験も豊かであったろう。両者の激しい戦いは、訓練と経験のたまものだ。彼らの迫力あるパフォーマンスは観客を魅了し、大歓声が巨大な円形闘技場に反響した。その余韻はいまもそびえたつコロッセウムに染みついているようだ。

コラム　キルクス・マクシムス

戦車競走はパラティヌスとアウェンティヌスの丘のあいだにあるキルクス・マクシムス（現チルコ・マッシモ、大競技場の意味）でおこなわれた。王政時代に始まったと伝えられているので、その歴史は長い。古くは木造だったが、徐々に石造の施設が造られていった。紀元前四九年にカエサルは競技場を拡張し、三段の観覧席を設けた。その後も増改築をくり返したが、焼失したために皇帝トラヤヌスが再建した。長さは約六五〇メートル、幅は約一三〇メートルのU字型競技場で、観客収容人数は二五万〜三〇万人だった。

中央分離帯には周回の数をカウントする卵型（のちにイルカ型）の装置がつけられた。またエジプトから運ばれたオベリスクも建てられていた。ひとつは初代皇帝アウグストゥスが前一〇年に運んだオベリスクで、現在はポポロ広場に置かれている。このオベリスクはエジプトのファラオ、セティ一世が着工し、息子のラムセス二世が前一三〇〇年頃に完成させたもので、ヘリオポリスにある太陽神ラーの神殿にあったものだ。もうひとつは三五七年にコンスタンティヌス二世がもたらしたオベリスク（前一五世紀、トトメス三世がカルナック神殿で着工）で、のちにラテラノ広場に移された。

キルクス・マクシムスは「大競技場」という名のとおりに、コロッセウムを超える巨大な娯楽施設だった。

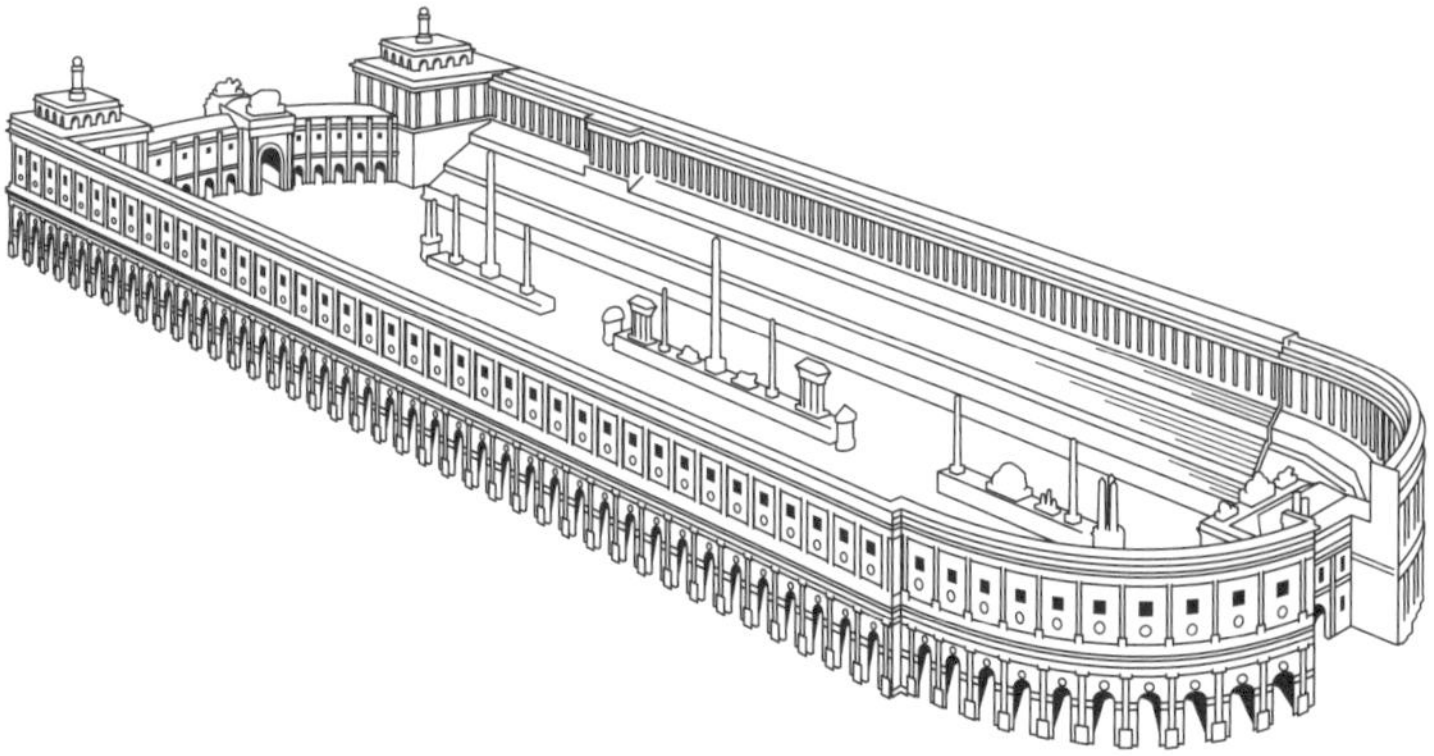

（上）キルクス・マクシムスの再現図
（下）ポポロ広場に置かれたオベリスク*

ウィタリヌス・フェリクス——ローマの兵士「火曜日の男」〔二〜三世紀〕

ウィタリヌス・フェリクスは二世紀後半に生まれた。出生場所はわからないが、ローマ近郊やイタリア半島のなかであったろう。彼は成長し、やがて兵士になることを決めた。新兵は一七〜二四歳くらいだったので、おそらく二〇歳頃から従軍することになった。そして第一軍団ミネルウァの所属となった。

第一軍団ミネルウァは八二年に皇帝ドミティアヌスによって編成され、ゲルマニア方面の遠征や防備を担った。戦争の女神ミネルウァを守護神とする部隊だ。ひとつの軍団（レギオ）はおよそ五〇〇〇人の兵士からなる。軍団は一〇の大隊（コホルス）に分かれ、さらに一〇〇人隊（ケントゥリア）に細分される。フェリクスは歩兵のひとりとして、この集団で日々の共同生活をおくっていた。生活の中心は要塞となるが、軍団の規模からも小さな町のようににぎわっていただろう。

兵士は訓練や実戦、要塞の設営や道路整備など、さまざまな仕事をこなさなくてはならない。それでも安定した給与を受け取り、毎日の食べ物も十分にとることができた。そのような生活が二〇年から二五年続き、フェリクスは兵役の期間を満了して名誉除隊となる。四〇歳の頃だ。除隊の際には十分な退職金とともに、特権も与えられた。除隊者の正式な記録はローマに保管されるとともに、除隊証明書も発行された。

フェリクスは退役後に、ローマから遠く離れた土地、ガリアのルグドゥヌムに定住した。現在のフランス、リヨンの町だ。なぜルグドゥヌムに定住したかはわからない。第一軍団ミネルウァは一九八〜二一一年に、ルグドゥヌムに守備隊として駐留していたから、もしかしたらこの期間にフェリクスも軍務にあたっていたのかもしれない。その地でユリア・ニケと出会って結婚し、息子フェリキッシムスも生まれた。

結婚は兵役のあいだだった可能性もある。皇帝アウグストゥスの時期（前一〜後一世紀）には兵士は結婚が禁じられていた。しかし、徐々にその規定は緩くなり、事実婚は黙認され、一九七年には皇帝セプティミウス・セウェルスによって結婚が正式に認められるようになった。これは軍団がルグドゥヌムに駐留していた時期とも一致している。

フェリクスはルグドゥヌムで陶器の商人となった。ルグドゥヌムはイタリア半島やローマとの交易も、北部のガリアやゲルマニアとの交流も盛んだったので[25]、陶器取引の商売を始めるには適した場所だった。二〇年間寝食をともにした兵士仲間の結びつきもあったにちがいない。フェリクスは商人として働きながら五九歳まで生きた。妻と息子が献じた墓碑には、もっとも賢く誠実な人物であったと記されている（CIL XIII 1906）。

そしてもうひとつ、墓碑には「火曜日」にまつわるエピソードが刻まれている。フェリクスは火曜日に生まれた。軍隊に入隊した日も、退役した日も、火曜日だった。そして亡くなったのも火曜日だという。

もともとローマでは一週間を八日とする「八曜制」が採用されていた。AからHまでの記号で一週間を表して、それをくり返した。八日ごとに市の日が定められていた。ただ、市の日は都市ごとに異なるため八曜制は全土で統一されたものではなかったようだ。一世紀頃から徐々に東方

ある兵士の除隊証明書（96年10月10日発行）　カリアリ国立考古学博物館*

フェリクスの墓碑　ガロ・ロマン文明博物館
©Arnaud Fafournoux/Wikimedia Commons

からもたらされた七曜制が導入される。一週間を七日で表す制度だ。一世紀末頃には広く定着することになった。そして、惑星による曜日の名称も徐々に浸透する。[26]「太陽（ソリス）の日」「月（ルナ）の日」「火星（マルス）の日」「水星（メルクリウス）の日」「木星（ユピテル）の日」「金星（ウェヌス）の日」「土星（サトゥルヌス）の日」このよう

カレンダーの一部。「DEFGHABCDE」とくり返されているのがわかる　前43－後３年、ディオクレティアヌス浴場＊

ガリアでも人気のあったテラ・シギラタと呼ばれる赤色の陶器　マエケナス国立考古学博物館*

な、現代まで続く名称が誕生した。

　曜日の名称が浸透した背景には占い好きな文化や、縁起を担ぐような風習が関係していたという。フェリクスにまつわる火曜日は「マルスの日」と名付けられている。長く軍役につき、戦争の女神ミネルウァの軍団に属していたフェリクスには、戦闘の神マルスは縁の深い存在だ。入隊日や退役日は軍務期間の管理のために細かく記録がつけられていたが、その曜日まで記憶しているのは不思議でもある。火曜日にはフェリクスの個人的な思い入れがあるのだろう。

　マルスの日に生まれ、マルスに愛されながら軍務につき、生き延びた。「幸運な男《フェリクス》」という意味の名前をもつフェリクスにとっては、火曜日がラッキー・デーだったにちがいない。

コルヌトゥス――誕生日の男〔前一世紀〕

おいしそうな料理の香りに誘われながら、友人や家族が集まってきた。今日は特別な日、コルヌトゥスの誕生日だ。

　コルヌトゥスの父は紀元前四三年に法務官職についていたマルクス・カエキリウス・コルヌトゥスだと考えられている。父はムティナの戦い（前四三年）のあと、オクタウィアヌス（のちのアウグストゥス）がローマを掌握した頃自害に追いこまれた[27]。誕生日を迎えたコルヌトゥスもおそらく政治的・軍事的な活動をおこなっていた。内戦の軍務につき、マルクス・ウァレリウス・メッサッラ・コルウィヌス（前六四頃～後八年）に仕え、親しくしていた（→二五二ページ）。メッサッラは政治家だったが、抒情詩人ティブッルス（前五五頃～前一九年頃）を含む文学サークルのパトロンでもあった。

　ティブッルスは友人であるコルヌトゥスの誕生日の様子を歌にしている。詩人自身がパーティーの司会者を務めながら、語りかける。

　わたしは吉兆の言葉を言おう。誕生日《ナタリス》の霊が祭壇に来る。

並み居る者は、男も女も、言葉を慎しめ。
敬虔の香を炉に燃やせ。柔弱なアラビア人が
　豊かな土地から送る香料を燃やせ。
守護霊《ゲニウス》は現われて、自らの祭りを訪れたまえ。
　聖なる髪を柔らかい花冠で飾りたまえ。
額から純粋な甘松香油をしたたらせ、
　菓子に満腹し、美酒に濡れたまえ。
そして、コルヌトゥスよ、君が何を願おうとも、霊が君にうなずくように。
　さあさあ、何をためらう。霊はうなずいているぞ。願え。

（ティブッルス『詩集』第二巻二　中山恒夫訳）

古代ギリシアにはなかったが、ローマには誕生日を祝う習慣があった。祭壇を飾りつけ、香をたき、ケーキやワインを用意して神々に祈りを捧げる。家族や友人が集まって饗宴を楽しむ。遠くからもたらされた高価な香は、特別な儀式にふさわしい。誕生日は、とりわけ守護霊ゲニウスに捧げる神聖な祭儀でもあった。

「ゲニウス（Genius）」は「子を産む（genere）」という言葉と語源を同じにする神格で、「誕生」と関連する。生まれてくる子を迎え、守護霊として保護してくれる。ゲニウスはしばしば翼をつけた姿で描かれる。困ったときには、瞬時に飛んできてくれる存在だ。「赤子を眠らせるゲ

ニウス」「ゆりかごのゲニウス」「授乳のゲニウス」などとも呼ばれ、子育てをやさしく見守ってくれる。真夜中になっても寝つかずに、ぐずる子をあやすときにはゲニウスに祈りたくもなるだろう。誕生日は、いままで守り抜いてくれたゲニウスに感謝を捧げ、ともに祝うにふさわしい。詩のなかで、誕生日がゲニウス「自らの祭り」と呼ばれる理由だ。

　ゲニウスは個人と関連する神的な存在だが、特定の神につけられた固有名ではない。個人を守護するゲニウスのみならず、父祖伝来の土地や祖国を守るゲニウスのように、生まれと関連する事柄や場所に遍在する神性だった。ララリウム（小さな祭壇）にはゲニウスの像が置かれ、家と家族の守り神として祭られていた(→一二三ページ)。

ゲニウスが描かれたフレスコ画の破片
前1世紀後半、ルーブル美術館

　誕生日に願いごとをすると、ゲニウスが叶えてくれると考えられていた。詩人はコルヌトゥスが何を願っても、もうすでにゲニウスは承諾の証しとしてうなずいているという。さらに詩人ティブッルスは、彼の願いを言い

ポンペイに残っているララリウムに描かれたゲニウス*

当てる。コルヌトゥスは広大な農地も遠い外国の財宝も欲しがりはしない。夫婦の「金色の絆」を求めるだろうと。コルヌトゥスは富や財産よりも愛を選ぶ人物だ。老年がしわを刻み、髪が白く染まるまで。愛するふたりが仲睦まじく暮らせるように、という願いで詩は締めくくられている。

酒を飲み、ケーキを食べて、誕生日を祝う。友人や家族と語らい、愛する者と年を重ねることに喜びを見出す。古代ローマの幸せのかたちも、わたしたちとさほど変わらないものだと感じさせる日だ。

クィントゥス・スクリボニウス

——ふたつの名をもつエトルリア人　〔前一世紀後半〕

クィントゥス・スクリボニウスの墓碑には、もうひとつウェル・ツィクという名が記されている（CIL XI 2218）。彼はローマから北北西に約一三〇キロ離れたクルシウムの町（現キュージ）に暮らしていた。クルシウムはエトルリア人の都市だ。

エトルリアはローマ以前にイタリア半島中部で勢力を誇っていた（↓六四ページ）。統一国家をつくらず、紀元前八世紀には各都市国家が独立したまま連合を形成していた。クルシウムは連合の中核を担う一二都市国家のひとつだ。エトルリアの諸都市は交易で繁栄した。地中海を船で行き来していたために、ギリシア人、エジプト人、フェニキア人などさまざまな民族と交流を重ねていた。エトルリアはその交流のなかで多様な異文化を取り入れながら、独自の文化を発展させていった。

エトルリア人の言葉は、ラテン語やギリシア語などのヨーロッパ言語とは系統が異なり、いまだすべてが解明されているわけではない。文字資料は少ないが、それでもエトルリア文化の特徴である墳墓からたくさんの出土品が発見されており、その遺品によって文化のさまざまな諸相が明らかになっている。エトルリア人の墳墓は「死者の街（ネクロポリ）」と呼ばれるように、ひ

スクリボニウスの墓碑　キュージ市立地下都市博物館*

とつの都市のように大きな墳墓群から成り立っていた。

死者の街の形状は都市や時代によって異なる。たとえば、カエレの町（現チェルヴェテリ）のネクロポリには、時代の移り変わりを反映して円形の墳墓もあれば、集合住宅のような四角い構造をもつ墳墓もある。墳墓のなかは部屋に分かれており、寝台のような場所に一家の骨壺や石棺が置かれていた。死後も快適に過ごせるように、宴会の道具や日用品などが副葬品として安置され、壁に装飾が施されることもあった。墳墓は一族の死後の家とみなせるようなものだった。

スクリボニウスの墓碑にはふたつの名前が刻まれている。「ウェル・ツィク」はエトルリア語で記されたエトルリア名で、「クィントゥス・スクリボニウス」はラテン語で記されたローマ名だ。前四世紀にはローマの支配

カエレのネクロポリ。円形の墳墓がいくつも造られている*

左右に石造りの墳墓が立ち並び住宅街のような構造をもつ*

墳墓のなかは、家のように部屋に分かれている*

はエトルリア地域におよび、クルシウムの町もローマ化していった。スクリボニウスが暮らした前一世紀後半には、ローマは地中海の広い地域を支配していたほどなので、イタリア半島にはローマ文化やラテン語が十分に浸透していたはずだ。それにもかかわらずスクリボニウスはローマ化した名前に加えて、エトルリア語の名前を有していた。また彼のラテン語名には「ガイウスの息子」とも記されている。「ガイウス」はローマ風の名前であるから、おそらくスクリボニウスの父もエトルリア名のほかにローマ名をもっていたのだろう。

「スクリボニウス」はラテン語で「書く（スクリボ）」を表す単語に名詞化する「イウス」という語尾をつけたものであるが、これはエトルリア語の「ツィク」が「書く」を意味する言葉であることに由来する。[28] 生来の名前を翻訳してローマ名をつくっているのだ。ギリシア語の名前をラテン語化するときには、たとえばニケポロスをニケポルスとするように、語尾を変えるだけですむが、エトルリア語は言語体系が異なるために工夫が必要となる。

クィントゥス・スクリボニウスという名前はおそらく通称の要素が強いだろう。一般的にローマ人男性の名前は三つの要素、個人名（プラエノメン）・氏族名（ノメンあるいはノメンゲンティレ）・家族名（コグノメン）をもつ。たとえば、ガイウス・ユリウス・カエサルの場合では、「ガイウス」は個人名でファーストネームにあたる。個人名は家のなかだけで使う呼び名であるために数が少なく、よく使われるものは一六種類くらいしかない。「ユリウス」は氏族名を表す。氏族はその人物の祖先を示すものであり、とりわけ高貴な家柄においては重視された。「カエサル」は家族名と呼ばれ、氏族のなかの系統を表す。ユリウス氏族のカエサルが「カエサル」と呼

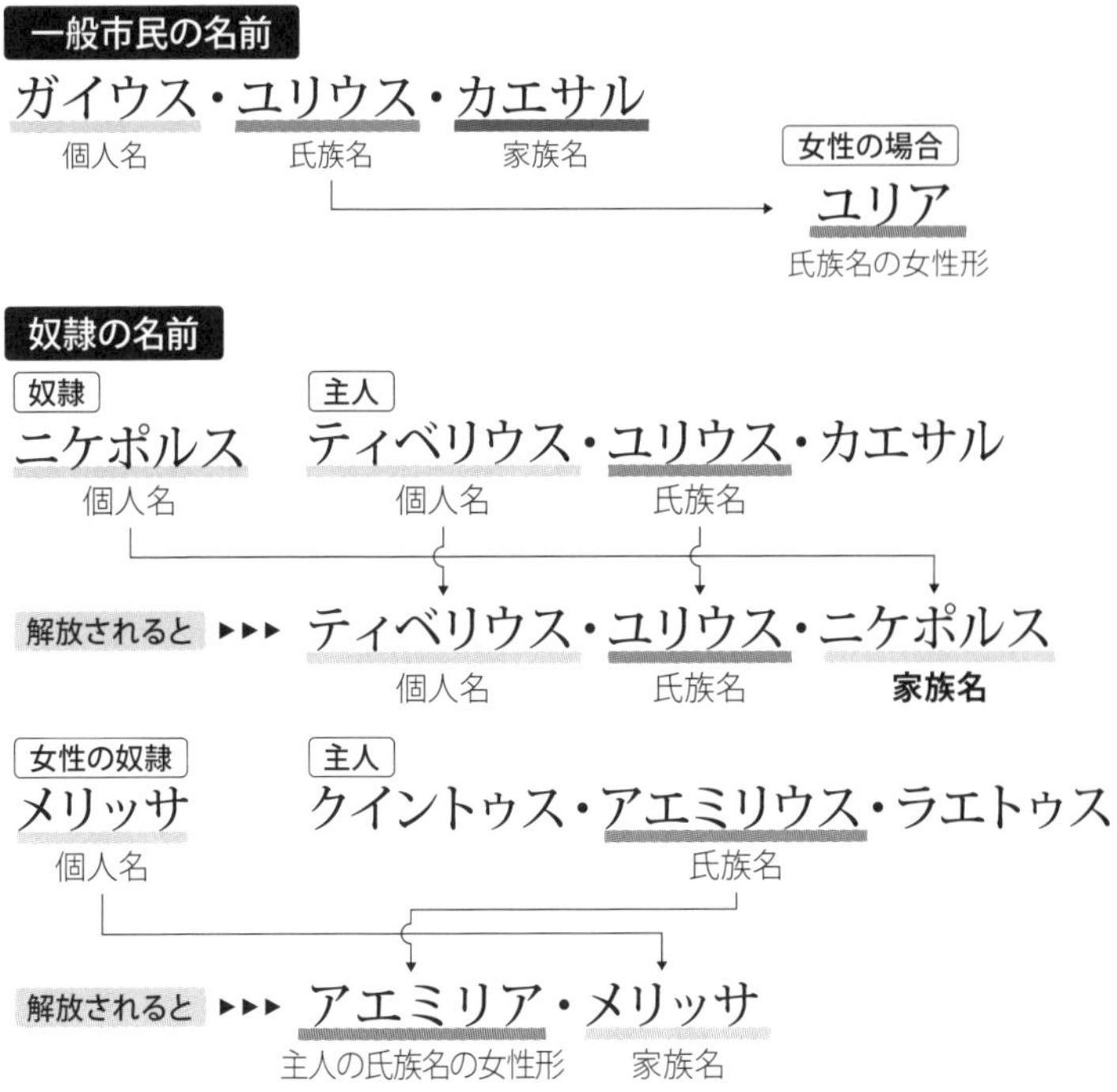

ローマ人の名前

ばれるように、個人を特定しやすい。共和政後期（前一世紀頃）にはふつうの人も家族名をもつようになった。女性市民の名前は公式には氏族名の女性形のみ用いられ、「だれそれの娘」という形で表記された。たとえば、ユリウスの娘は「ユリア」と呼ばれる。

奴隷はおそらく個人名しかもたないが、解放奴隷になったあとには主人の個人名と氏族名をもらい、生来の個人名を家族名とした。たとえばニケポルスという奴隷がティベリウス・ユリウス・カエサルに解放され

エトルリアの墳墓に描かれた饗宴の様子。人々が酒を飲み、歌い踊っている　タルクィニア国立考古学博物館*

た場合には、ティベリウス・ユリウス・ニケポルスとなる。女性奴隷が解放されたときには、主人の氏族名を女性形として受け継いだ。たとえば、クイントゥス・アエミリウス・ラエトゥスの奴隷メリッサは解放後にアエミリア・メリッサと名乗った。このように、名前はもとの主人を知る手がかりを伝えている。

　スクリボニウスはおそらく地元ではツィクと呼ばれていた。だが広く商売や交易をおこなうにはローマの通称名が必要だったろう。エトルリアは早くからローマ化したが、それでもエトルリア語が一世紀まで使われていたということからも、人々はエトルリア独自の文化を維持しながらローマとうまく融合していったことがわかる。スクリボニウスの二つ名は文化融合の痕跡なのだ。

マルクス・ガウィウス・アムピオン

――墓碑にあだ名を刻まれたネズミ男　〔二世紀前半〕

ローマ国立博物館ディオクレティアヌス浴場跡に、少し風変わりな墓碑がある。上部のいちばん目立つところに、パンを噛むネズミが描かれている。これは、「ネズミ男」というあだ名をもつマルクス・ガウィウス・アムピオンの墓だ。「アムピオン」がギリシア語由来の名前であるために、おそらくギリシア系だろう。このネズミ男は二世紀前半に亡くなったと考えられている。[29]

墓碑には、ネズミ男がマルクス・ガウィウス・マクシムス（八〇～一五八年頃）の解放奴隷だったと記されている。ガウィウス・マクシムスは有力な政治家だった。五賢帝の四番目の皇帝、ピウス帝の近衛長官を一三八～一五八年の二〇年間という異例の長さで務めた人物だ。[30] 皇帝のあつい信頼を得ていたとともに、長きにわたって政治の中枢にいたことがわかる。また、オスティアの町に、洗練された巨大な浴場を造ったことでも知られる。

ネズミ男がガウィウス・マクシムスの奴隷だったことを除いて、どのような人物であるかは定かでない。墓碑には「もっとも善き父のために息子が建てた」と記されている（*CIL* VI 38411）。墓碑はローマから六キロほどのノメンタナ街道沿いで発見された。大きさは一一六×五九×二〇センチ。大理石を用いており、文字はとても美しい。それなりに高価な墓碑といえるのではない

（左上、右）アムピオンの墓碑。ネズミとパンが刻まれている　ディオクレティアヌス浴場*　（左下）ガイウス・ケスティウス・エプロのピラミッド型の墓*

だろうか。孝行息子が建てた墓にネズミが彫られているというのはおもしろい。アムピオン本人も「ネズミ男」というあだ名を気に入っていたのだろう。

　古代ローマにおいては、土葬と火葬の両方があった。葬儀の風習は地域や家によって異なっていたようだ。葬儀は葬儀屋が請け負った。司式者、死化粧を施す人、挽歌を歌う泣き女、墓掘り人など、葬儀屋の役割は多岐にわたった[31]。富裕層の葬儀では大々的な葬送行列や追悼演説がおこなわれたが、一般的な葬儀はもっと質素だ。

　墓は市域内につくることはできなかったので、街道沿いや郊外につくられた。もっとも貧しい人たちの遺体は、合葬用の墓穴に投げこまれた。家族用の大きな墓がつくられることもあった。

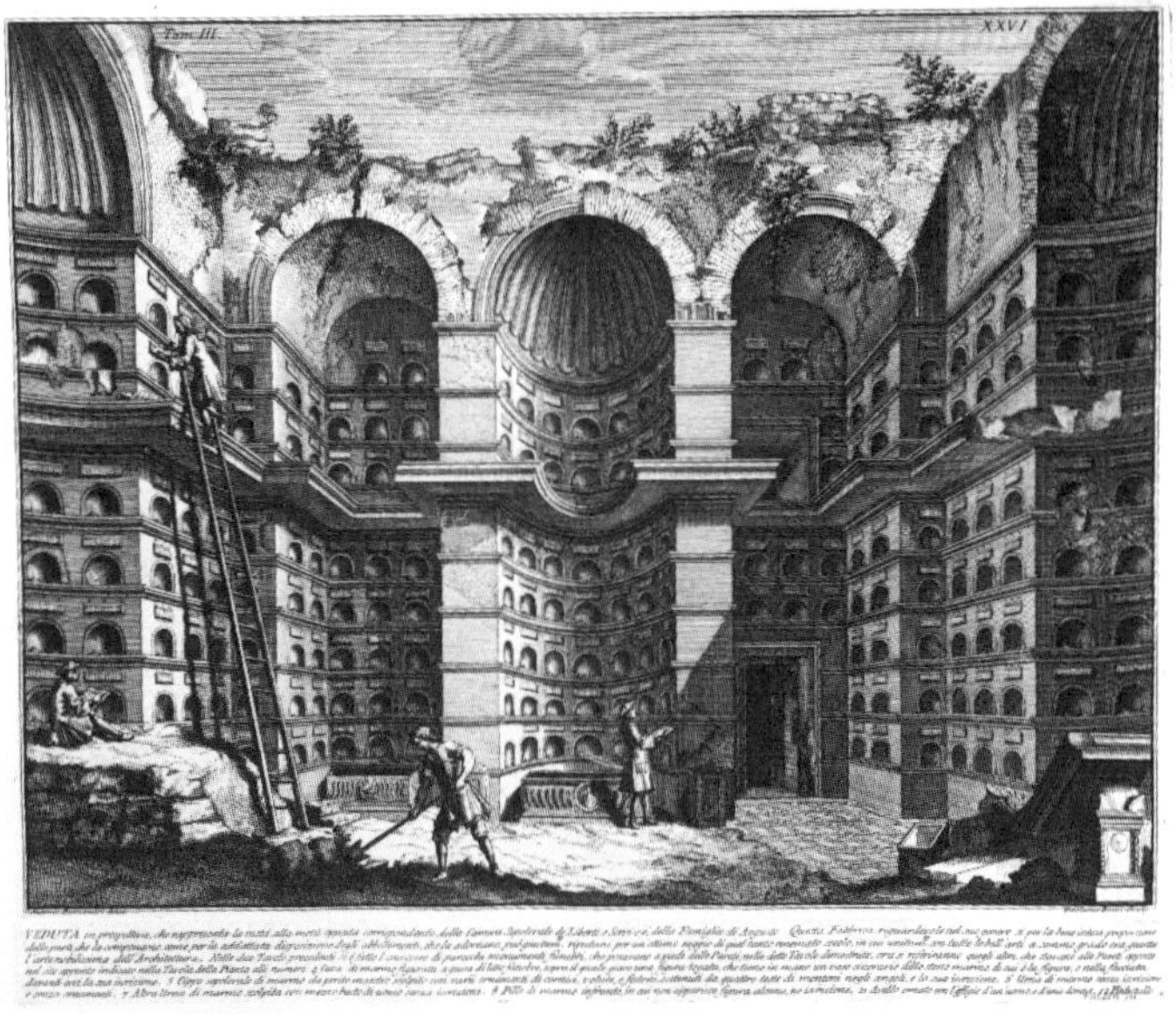

アウグストゥス家の鳩小屋墓地　『ピラネージ版画集』第３巻26、東京大学総合図書館所蔵

富裕層の墓には豪華なものが多い。ローマにあるガイウス・ケスティウス・エプロの墓は遺言にしたがってピラミッドの形をしている。現サンタンジェロ城は、もともと古代ローマ時代のハドリアヌス帝が自ら設計した霊廟だった。

　多くの庶民が利用したのは納骨堂だ。ローマの人口が増大したときに、墓地の不足や価格の高騰が問題となる。そこで、集合的に納められる墓所が考え出された。壁一面に半円形のくぼみが掘られ、骨壺が安置された。その形状から「鳩小屋（コルンバリウム）」と呼ばれた。納骨堂はごく小さなものから、七〇〇ほどの骨壺が収納できるやや大型のものまで、多様だった。[32] 一八世紀に発掘されたアウグストゥス家の解放奴隷および奴隷たちの墓地には、三〇〇〇もの骨壺が収納できたと推定されている。

埋葬された死者は、冥界の住人として「死者の霊」になると考えられていた。二月一三日のパレンタリア祭とその日に続く祭日では、先祖や近親の故人に供物が捧げられ、家族の墓地では宴が開かれた。[33] 五月九、一一、一三日のレムリア祭ではさまよえる亡霊を追い払うために、黒豆をまく儀式がおこなわれた。

鳩小屋墓地は、ネズミ男のような個人墓に比べれば安価に利用することができたうえ、共同の墓穴とは異なり個人のためのスペースが確保されていた。故人を敬う習慣をもつローマにおいては、誰の墓であるか識別できることが重要だった。

とはいえ、葬儀や埋葬の費用は高いし、家族のいない者もいる。そのために、組合が広く浸透していた。人々は組合に入り、入会金や月々の会費を支払って積み立てる。組合員が亡くなったときには、共同の基金から葬儀費用をまかなう。組合には誰でも入ることができ、市民だけでなく奴隷が加わることもあった。[34] 死は誰にでも訪れるのだから。

墓碑は生者と死者とを結びつける。ネズミ男のような個人の墓碑には、生きた証しを広く知らせ、死者を敬い、故人とともに生きようとする人々の意識が表れている。街道を歩きながらふとその墓に目を向けたとき、ネズミ男の生前の姿が思い起こされる。家族は墓に集まって故人を偲ぶ。きっと墓前にはパンとチーズが供えられていたことだろう。

アレクサンデルとクリティアスとメリティノス
――亡くなった三人の赤ちゃん〔二世紀〕

小さな墓碑にアレクサンデルの名前が刻まれている。彼は三歳四ヵ月一八日で亡くなった。父はクィントゥス・カヌレイウス・アレクサンデル、母はクラリナ。両親がこの墓碑をつくった。「もっとも愛おしく、もっとも敬虔で、称賛にあたいする息子」のために（CIL VI 28993）。そう刻まれた墓碑の最後には安らかな眠りを祈る略号が綴られている。中央には献酒のための穴がある。両親はたびたびこの墓のまえにかがんで、息子のためにミルクや蜂蜜を注いだのだろう。

クリティアスの墓はギリシア語で記された（CIL VI 38723a）。両親はルキオス・アッティディオス・クリティアスとペレグリナという名で、ギリシア出身の家族だろう。最愛の息子は二歳七ヵ月一五日五時間半で亡くなった。まだ幼いけれども、老年のように思慮深い子だったという。それなのに、「嵐が若枝を折るように」突然の不運が彼の命を奪い去ってしまった。

ルキオス・アエリオス・メリティノスの墓碑もまたギリシア語で書かれている（CIL VI 10736）。「悲しみに暮れる両親」フェリクラとミュロンが埋葬した。メリティノスは一三ヵ月九日で亡くなった。寝台に寝そべっているかのような遺影が刻まれる。墓碑の最後にはギリシア語に加えてラテン語でも、「骨壺が置かれている墓を荒らさないように」と、警告文が記されている。

どの墓碑にも幼い子どもを亡くした両親の悲嘆が刻まれている。愛されながらも幼くして亡くなった三人はともに二世紀頃のローマに生まれた。墓碑には年齢（生きた年月）は細かく書かれているが、生没年は記されていない。埋葬された場所はそれぞれ違うけれど、もし無事に成長していたら、三人は一緒に遊んだかもしれない。いまは三つの墓碑ともに同じ美術館におさめられている。[35]

古代ローマの平均寿命は、女性が二五歳、男性が二三歳くらいだったと推定されている。ただしこの数字は全年齢を平均した寿命を表している。実際には乳幼児の死亡率がとても高い。一歳までの死亡率は、女児が約三〇パーセント、男児が三五パーセントである。日本の乳児死亡率（〇歳から一歳）が、約〇・一七パーセント（二〇二一年）であることと比較すると顕著だろう。その後、一歳から五歳までの死亡率は、男女ともに約二一パーセントでいぜんとして高い。しかし、五歳から一〇歳までの死亡率は約六パーセントに下がり、それ以降の年齢もほぼ同様の数字となる。[36]

このように、ある一定の年齢を超えれば死亡率は低くなり、高齢になるまで歳を重ねる人もいた。共和政期の政治家大カトは八五歳で亡くなった。初代ローマ皇帝のアウグストゥスは七六歳で、妻リウィアは八六歳まで生きた。政治家キケロの元妻で、熟年離婚したテレンティア（前九八年～後六年）は一〇三歳の長寿であったという。もちろん現代と比べれば医療技術の低いローマにおいては、このように長生きの人はまれだったろう。子どもの成長を見守る親の心配は尽きなかったにちがいない。

（上段）アレクサンデルの墓碑　カピトリーニ美術館*　（下段左から）クリティアスの墓碑　カピトリーニ美術館*／メリティノスの墓碑　カピトリーニ美術館*

（左から）子どもの墓に納められていた人形　4世紀初頭、ヴァチカン美術館＊／墓から見つかったままごと道具や人形　アルテンプス宮殿＊

子どもの墓にはおもちゃが納められることも多かった。たとえば、動物をかたどったガラガラや、ままごと道具や人形。人形は手足が動くように工夫されている。ほかにも指人形やボールやサイコロ、脚に車輪のついた馬形の玩具など、いまと同じように、さまざまなおもちゃで子どもたちは遊んでいた。古代の文学作品には、幼児がクルミや陶片やコマを使って遊ぶ様子が描かれている（ホラティウス『談話集』第二巻三、ウェルギリウス『アエネイス』第七巻三七六〜八七など）。子どもは何でもおもちゃにして遊ぶ。その姿は親にとって何よりの幸せだ。副葬品として入れられたおもちゃは、その子が好きだったものだろう。死後にも遊べるように。

アレクサンデルとクリティアスとメリティノスの生涯は短かった。しかし、墓碑に刻まれた言葉が伝えるように、親たちのやさしいまなざしはいまも子どもたちを包みこんでいる。

第4章　働く人たち

アントニウス・ムサとエウポルボス——皇帝と王の主治医〔前一世紀〕

先進的なギリシアの医術がローマにもたらされて以来、知識をもつギリシア人の奴隷や解放奴隷が医療に従事することが多かった。アントニウス・ムサもギリシア人医師のひとりだ。彼は植物学者でもあった。健康維持に関する本と薬学書を記したと伝えられるが、現存していない。のちに初代皇帝アウグストゥス（オクタウィアヌス）の主治医となった。

ムサとエウポルボスの兄弟は、マルクス・アントニウス家の奴隷だった。おそらくまだ若い頃に、医術を学ぶため、高名な医師アスクレピアデスのもとに修業に出された。アスクレピアデスは小アジアのビテュニア出身で、アテナイで哲学や修辞学を学んだあと、ローマに移り住んで医師となった。紀元前一世紀初頭のことだ。[1] アスクレピアデスの治療はローマで評判となり、新しい学派を形成して教育もおこなっていた。医師はマルクス・アントニウスとも親しかったので、兄弟はそこで学ぶことになったのだろう。ふたりは医術の才能を発揮して活躍することになり、おそらくアントニウスのもとで解放奴隷となった。[2]

兄弟が医師になった頃、ローマは内乱で混乱を極めていた。前四四年にカエサルが暗殺された時代だ。アントニウスやオクタウィアヌスはその権力闘争の中心にいた。そしてついに、前三一年にオクタウィアヌスはアクティウムの海戦でアントニウスとクレオパトラを倒し、権力を掌握することになる。このときまだ兄弟はアントニウスの庇護下にあっただろう。もちろん彼の死はふたりの人生にも大きな衝撃を与えた。だが、医術がふたりに生きる道をひらく。ムサとエウポルボスは新しい庇護者を得ることになるのだ。

エウポルボスはマウレタニア（北アフリカ）の王ユバ二世の専属医になるが、その背景には歴史の大きなうねりがある。そもそもユバ二世の父、ヌミディア王ユバ一世（前八五頃〜四六年）は内乱の時期に反カエサル勢力に加担して戦っていた。しかしカエサルが優勢となり、ユバ一世は追い詰められて命を落とした。そのときにヌミディア王国はローマの属州となる。王の死後、まだ幼かったユバ二世（前四八頃〜後二三年頃）は捕虜となってローマに連れてこられ、のちにカエサルの後継者オクタウィアヌスによって養育された。

ユバ二世はローマで熱心に学び、博学な若者に成長していった。オクタウィアヌスの側近として軍事遠征に付き従い戦闘経験を積んで、ローマ市民権も得た。アクティウムの海戦ではオクタウィアヌスとともに戦った。その功績のために、オクタウィアヌスはユバ二世を北アフリカのマウレタニア王に定めた。ちなみに、アントニウスとクレオパトラの娘クレオパトラ・セレネも敗戦のあと捕虜としてローマに連れてこられたが、のちにユバ二世と結婚することになる。エウポルボスはオクタウィアヌスの計らいのもと、ユバ二世の主治医となったのだろう。王の信頼もあつかった。

エウポルボスはあるときアトラス山で新しい多肉植物を発見した。その樹液は強力な薬剤とな

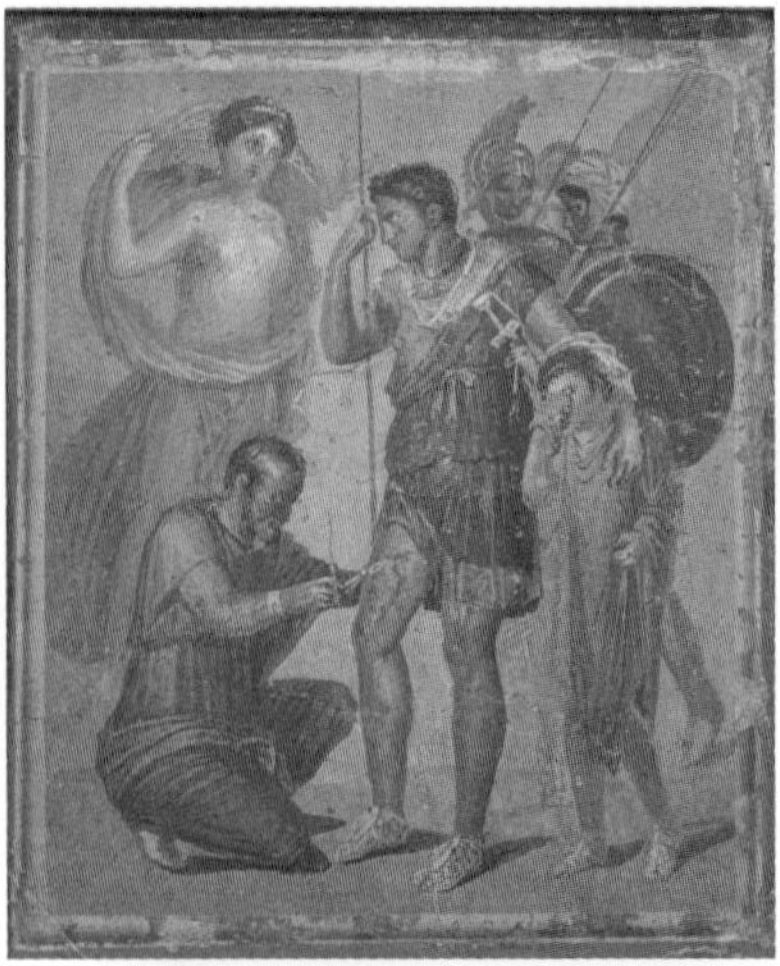

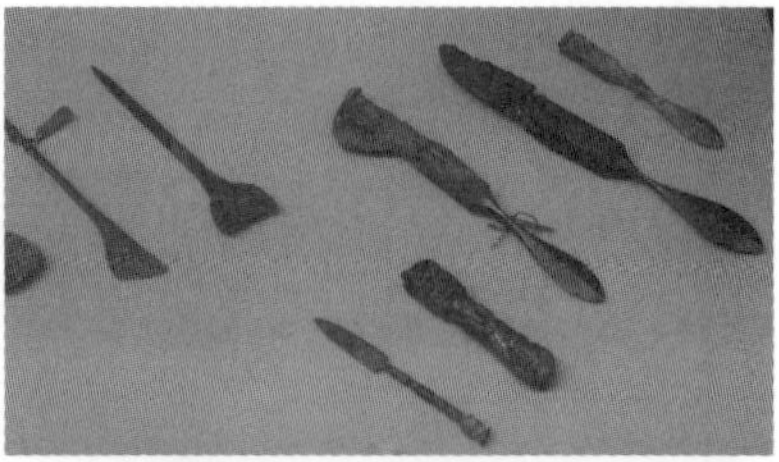

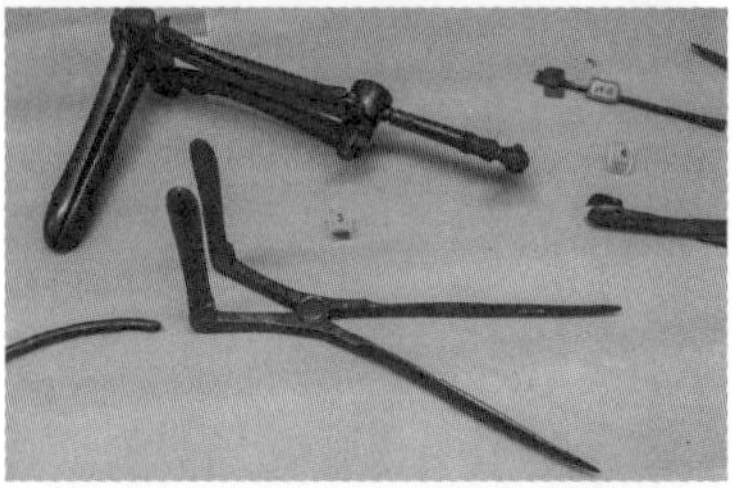

（上段左）医師イアピュクスがひざまずいてアエネアスの治療をおこなっている　１世紀頃、ナポリ国立考古学博物館＊　（上段右、上から）ヘルクラネウムから出土した医療器具　１世紀頃、ナポリ国立考古学博物館＊／ポンペイから出土した医療器具　１世紀頃、ナポリ国立考古学博物館＊　（下段）トラヤヌスの記念柱には軍医たちが治療する様子も描かれている＊

り、たとえば蛇に噛まれたときの治療に使われるという。彼の功績をたたえて、王は新しい植物に彼の名を付けた（プリニウス『博物誌』第二五巻七七〜七九）。それはいまもトウダイグサ属の学名（エウポルビア）となっている。

一方で、ムサはオクタウィアヌス（皇帝アウグストゥス）の主治医となった。前二三年頃、オクタウィアヌスは肝膿瘍《かんのうよう》に侵され命も危ぶまれる状態になる。そのときムサは、従来の医療とは異なる冷罨法《れいあんぽう》（身体を冷やす治療法）によって命を救った（スエトニウス『ローマ皇帝伝』第二巻八一）。その治療によってムサの評価はゆるぎないものとなる。オクタウィアヌスの関係者もムサに治療を受けている。詩人ホラティウスもそのひとりだ。冬の寒い日、温泉に入りたいのに、ムサは冷水に浸らせるとユーモラスに語っている（『書簡詩』第一巻一五）。またウェルギリウスの叙事詩『アエネイス』には、英雄アエネアスの傷を治療して命を救う医師イアピュクスが登場する。この医師のモデルがムサだと解されることもある[3]（第一二巻）。

ローマでは医療の発展にともない医師の種類が多様化し、外科、内科、眼科、歯科、産婦人科などに細分化された。開業医のみならず、農園医師、軍医、公共医師など活躍の形態も広がった。薬学や解剖学、予防医療などの専門書も記されるようになり、西洋医療の基礎が確立した。医師は職人の一種とみなされていた。そのため、生来の自由人が就く職業というよりも、奴隷や解放奴隷が技術を習得して従事することが多かった。

内乱や権力闘争は社会に甚大な影響を与えたが、それでも職人たちは技術を磨いてたくましく暮らしていた。ムサとエウポルボスもまた医術を武器に困難な時代を生き抜いたのだ。

ガイウス・クロディウス・エウペムス

――食料品とワインの小売業者〔一世紀後半〜二世紀初頭〕

ガイウス・クロディウス・エウペムスはガイウス・クロディウスの解放奴隷だ。カピトリヌスの丘とパラティヌスの丘のあいだにあるウェラブルム地区で食料品とワインの小売店を営んでいた。店は「四匹の魚の噴水」のそばにあったという（CIL VI 9671）。いまは失われているが、特徴的な噴水が目印になっていた。

エウペムスの店はワインのみならず、食料品も扱っていた。酒屋や八百屋、肉屋のように専門店が多いなかで、酒も肴もいっぺんにそろう便利な店だったのかもしれない。小売店の形態は建物のなかに店舗をもつ場合と、広場や道端で商品を売る露店の形式があった。街には道をふさぐほどにたくさんの露店が出ていたという。ポンペイ出土の壁画には広場でさまざまな品を売る様子が描かれている。だがエウペムスの店の場合には、所在地が明記されていることから、店舗を有していたことがわかる。

店舗の維持や商品の仕入れのためには従業員がいたほうがよいが、エウペムスの墓碑には解放奴隷への言及がない。従業員を雇うほどの規模ではなかったのかもしれない。その代わりに妻と子どもたちがいた。ほかの小規模な販売店と同じように、夫婦や家族で経営していたのだろう。

広場のマーケットの様子を描いたフレスコ画　ナポリ国立考古学博物館

たとえ小さくても、店をかまえて経営していくことは、巨大な都市ローマでは大変なことだ。

ワインはもっとも一般的な飲み物だった。ブドウは地中海各地で栽培されており、ワインに醸造して遠距離間で取引した。高級なものから安いものまで値段もさまざまだった。運搬には交易用のアンフォラと呼ばれる壺が用いられる。地域によって形状は多少異なるが、基本的には下に向かって細くなる円錐形をしている。これは丸い穴にすっぽりとはめこむためだ。ワインのみならず、オリーブオイルや魚醤（ガルム）などの液体もアンフォラに入れて運ぶ。内容を区別するため、ワインのアンフォラにはラベルが貼ってあった。ラベルに記される情報は商品によって異なっていたようだが、品目や醸造年、産地や生産者の名前、赤や白の種別など、ラベルで判断することができた。

ワインのアンフォラや食品などはティベリス川（現テヴェレ川）を利用して船でローマに運ばれる。ウェラブルム地区はローマ広場（フォルム・ロマヌム）と牛広場（フォルム・ボアリウム）のあいだに位置し、川に近い場所であるために食料品店が集まっていた。エウペムスの店にもワインはアンフォラで運ばれた。ある酒屋店主の墓碑に描かれた商店のレリーフには、アンフォラがそのまま並べられている。

酒屋店主の墓碑。右上にアンフォラを並べた様子がうかがえる　2－3世紀、ディジョン考古学博物館　© 金沢百枝

そしてカウンターの後ろには、大小さまざまな水差しがつるされている。アンフォラからワインを容器に移して小分けにして売っていたのだ。また、ときには客が容器を持参することもあった。この墓碑では、客が持ってきた容器に店主が酒を注いでいる様子が描かれている。またやや小さく描かれている人物の上には、ソーセージなどの肉類が見える。この商店では、エウペムスの店と同じように食料品も扱っていたのだ。

　ワインは日常生活を送るうえで欠かすことができない飲み物だった。ローマ人は一日にワインを〇・五〜一リットルほど飲んだという。[4] 水を飲むよりも衛生的であったからだ。そのため昼間でも飲んだ。ただし、買ってきたワインを一度「混酒器」と呼ばれる容器に移して、そ

ポンペイから出土したコロンとした形のアンフォラ*

細長いアンフォラ　クリプタ・バルビ*

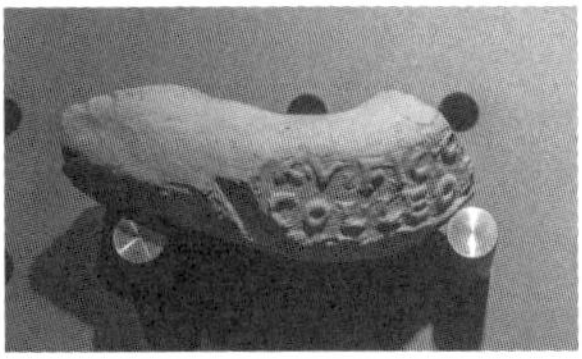

印が付けられたアンフォラの持ち手　サン・ジョバンニ駅*

ワイン作りの工程のひとつ。ブドウを踏みつぶす様子を描いたモザイク　サンタ・コスタンツァ霊廟*

のなかに水や湯を加えて薄めていた。水割りをつくるときの比率も、水のほうが多かった。水を安全に飲むために酒を入れたともいえるかもしれない[5]。

酒は宗教儀式において必ず用いられたし、日々の楽しみのためにも飲まれた。酒にまつわる格言やことわざも多く残されている。「酒を飲む理由ならたくさんある」、「いまこそ飲むべし」（ホラティウス『カルミナ』第一巻三七）のように飲むことを楽しもうとする言葉もあれば、酔うと本性が出ることを表す「酒のなかに真理がある」、「酩酊はきみから節度と財産と名誉を奪う」など諫《いさ》める金言もある。

ローマの生活に欠かすことのできないワイン。エウペムスのワインも、家族で支えあいながら営む店舗から、毎日食卓へと運ばれていた。

コラム　ポンペイのある家族の買い物

ポンペイの遺跡からは買い物や値段を記したリストが見つかっている（一世紀）。人々の生活を伝える記録だ。ある家の八日分の家計簿（↓一九八ページ表）を見ると、この家には奴隷もいたから貧困層というわけではなかっただろうが、普段は質素な生活を送っていたことがわかる。パンとオリーブとワインは生活に欠かせないものだった。何月の記録かはわからないが、香を買っていることから、この月の一〇日には祭儀があったのだろう。肉や特別な食べ物を買い、少し贅沢をする。祭りは暮らしに緩急をつける役割を果たしていた。世界中からもたらされるモノにあふれ、一握りの超富裕層は贅沢な生活を送っていたが、庶民の日常はつつましやかなものだった。

①ある家の記録（CIL IV 4888）　※単位はアス（八〇円）
薪?、家賃?4、パン6、キャベツ2、ビート1、マスタード1、ミント1、塩1

②ある家の記録（CIL IV 8561）　※単位はアス（八〇円）
…（?）3と½、1ポンド（?）のラード3、ワイン1、チーズ1、オリーブ油1、パン2と½、豚肉4

単位はアス(80円)

6日	チーズ 1、パン 8、オリーブ油 3、ワイン 3	計15
7日	パン 8、オリーブ油 5、玉ねぎ 5、一杯分 1、奴隷用のパン 2、ワイン 2	計23
8日	パン 8、奴隷用のパン 4、スペルト小麦 3	計15
9日	調教師のための (?) ワイン 16、パン 8、ワイン 2、チーズ 2	計28
10日	乾燥フルーツ 16、パン 2、女性のためのパン 8、小麦 17、牛肉 1、香 1、ナツメヤシの実 1、チーズ 2、ソーセージ 1、やわらかいチーズ 4、オリーブ油 7、セルウァトゥスに…、山のクローバー 17、オリーブ油 25、パン 4、チーズ 4、西洋ネギ 1、小皿のために 1、バケツ 9、軟膏 1	計122
11日	パン 2、奴隷用のパン 2	計4
12日	奴隷用のパン 2、質素なパン 2、西洋ネギ 1	計5
13日	パン 2、質素なパン 2、オリーブ油 5、スペルト小麦 3、調教師のための (?) 小魚 2	計14

ある家の 8 日分の家計簿（*CIL* IV 5380）

③ある家の記録（*CIL* IV 4000）

※単位はアス（八〇円）

オリーブ油（1ポンド）4、もみ殻5、藁16、手当5、小麦ブラン6、ブレスレット3、オリーブ油6

バッビア・アシア——ジュエリーデザイナー〔紀元前後？〕

装飾品を扱う商人や職人には男性が多かったが、女性の職人もいた。そのひとりが宝石商のバッビア・アシアだ。彼女はローマの中心街に店をかまえていた。「聖なる道（ウィア・サクラ）」と呼ばれる道はカピトリヌスの丘から中心にあるローマ広場のわきを通り、コロッセウム（現コロッセオ）まで続く。道のわきには元老院議事堂（クリア）や神殿が立つ。凱旋式では軍隊が行進して人々が喝采する。厳格な儀式の場ともなる。毎日すれ違うのもやっとのほどに人々が行きかい、左右には商店が立ち並んで活気にあふれていた。まさにローマの中心を貫く道だ。

聖なる道沿いに立ち並ぶ高級店街の一角にアシアの店もあった。彼女がひとりで営んでいたわけではなく、五人の共同経営だった。ほかの四人は男性だ。五人全員が解放奴隷で、アシアとレギッルスのふたりはバッビアという女性の奴隷で、ニケポル、アンテロス、フェリクスの三人はクィントゥス・プロティウスの奴隷だった（CIL VI 9435）。

アシアの元主人バッビアとクィントゥス・プロティウスは夫婦だったという可能性も指摘されているが、[6]定かではない。おそらく元主人であるバッビア家とクィントゥス・プロティウス家は、それぞれが宝石や貴金属を扱う仕事をしていたのだろう。五人は奴隷として従事しながら技術を学んだ。金や真珠など、希少品を買い付けるための人脈も得ることができた。そのあいだに五人は出会った。そして、解放されたあとに力をあわせて独立することにしたのだ。解放されたあとでも、主人との関係は続く。解放奴隷たちが開く店は、強い結びつきをもつ取引相手になるわけだから、主人にとっても利点がある。

宝石商は単に宝飾品を売るだけでなく、宝石を削り、指輪やネックレスを作るための金属加工をおこなっていた。アシアもまた店員として宝石を売るだけでなく、ジュエリーのデザインを考えたり、実際に作製していただろう。[7] 装飾品は男性も身につけたが、女性のほうが種類も豊富で多くつける傾向がある。女性の職人は男性とは異なる目線から作ることができる。たとえば宝石や冠に金箔をはるという繊細な作業が必要となる金箔職人にも、ふたりの女性の名前が残されている。そのうちのひとり、四八歳で亡くなったフルウィア・メレマは、夫ガイウス・フルキニウス・ヘルメロスとともに仕事をしていた（CIL VI 9211）。もうひとりのルファと夫アポロニウスも夫婦で金細工師だった（CIL VI 6939）。職人の世界に男性が多かったことは間違いないが、数は少ないけれど女性も活躍していたことがわかる。

宝飾品にはさまざまな種類があった。男女ともによく身につけたのはフィブラと呼ばれるブローチだ。現存する最古のラテン語とされる文字も金のブローチに刻まれていた。そこには、マニウスという人物がヌメリウスという人物のために作ったプレゼントであることが記されている。フィブラは、トガなどの服を留めるのに用いられた。男女ともに指輪をはめた。女性はさらにネックレスやイヤリング、ブレスレットやアンクレット、髪留めなど身につける種類も多かった。

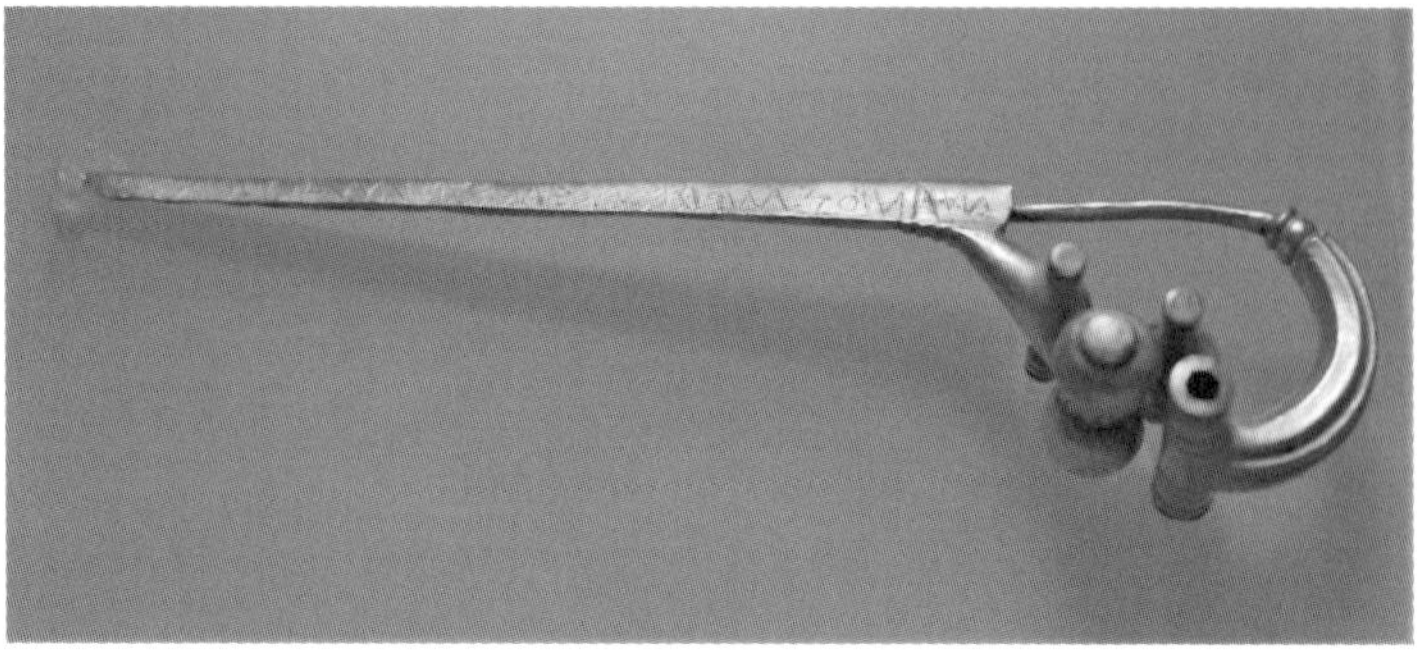

最古のラテン語とされる文字が刻まれた「プラエネステのフィブラ」 前600 年頃、ピゴリーニ国立先史民族博物館*

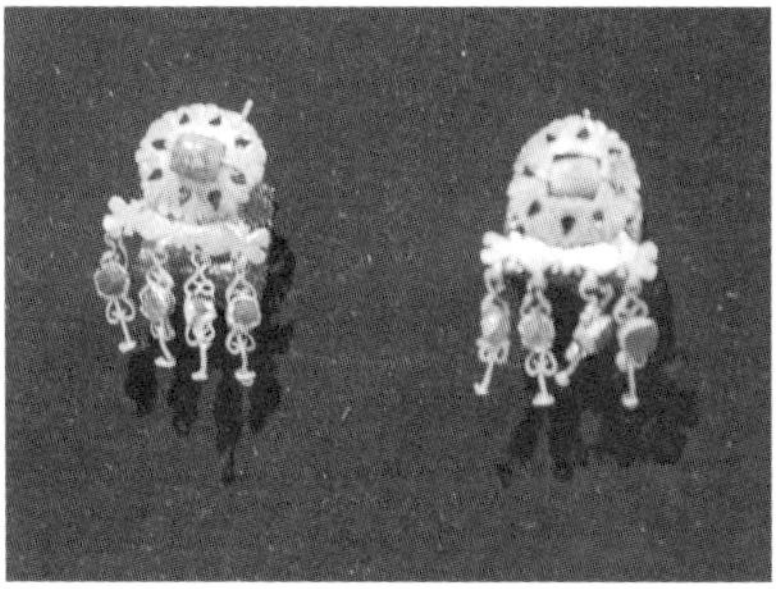

イヤリング 3 世紀、パレストリーナ国立考古学博物館*

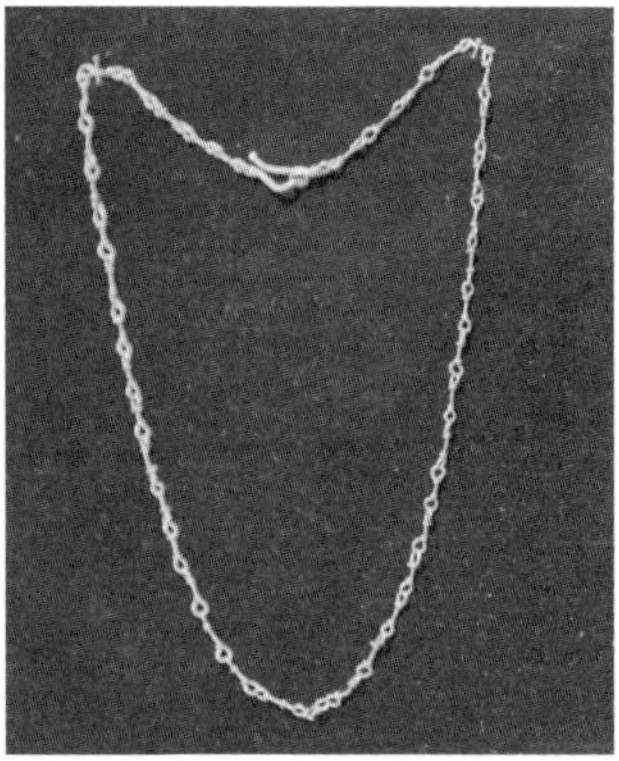

金のネックレス 3 世紀、パレストリーナ国立考古学博物館*

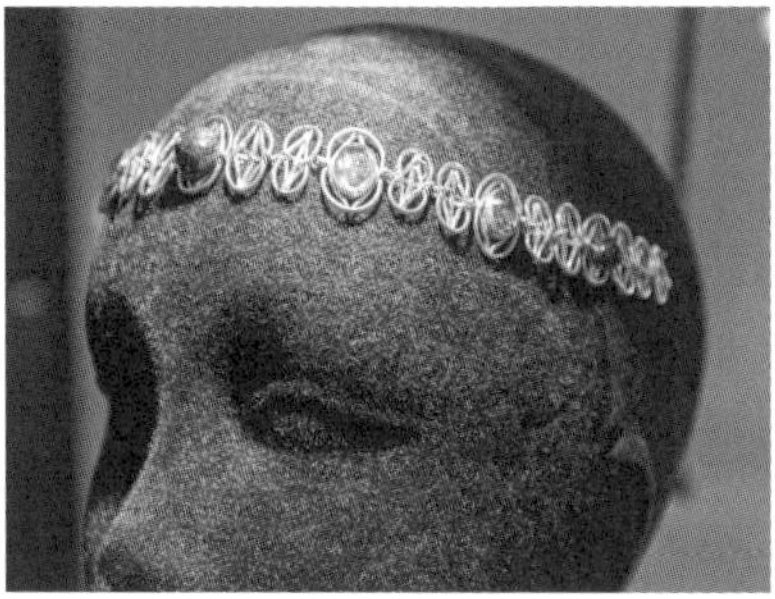

冠 2 世紀、パレストリーナ国立考古学博物館*

ブロンズの安価なものから、金や銀をふんだんに使った高価なものまで、多彩な装飾品があった。宝石は社会的なステータスを誇示するためにも、普段のささやかなおしゃれのためにも作られた。結婚するときにも、友人や恋人へのプレゼントとしても。装飾品は日常生活に欠かせないものになっていたのだ。アシアの店にもそれぞれの思いを胸に人々が集まっていただろう。

　奴隷が生来の名前をそのまま使っているかどうかはわからない。しかし、名前から出身地などが推測できる。アンテロスとニケポルはギリシア語由来の言葉なので、おそらくギリシア語圏（東地中海）出身だろう。レギッルスとフェリクスはラテン語圏出身だ。アシアについては、奴隷がしばしば出身地に由来して名前をつけられることから、おそらくローマ領内の小アジア出身だと思われる[8]。

　五人は遠い地からやってきて、ローマで出会い、ともに生きることにした。墓碑にも五人の名前を並べて彫った。筆頭はアシアだ。そして最後の行には、つたないラテン語で「ウィア・サクラの宝石職人たち」と記されている。ともにたくましく生き、ともに眠る職人たち。その誇りと絆が刻まれている。

ティベリウス・ユリウス・ニケポルス――モザイク職人〔一世紀初頭〕

モザイクによって、ローマは彩られていた。モザイクとはテッセラ（細片）と呼ばれる小さな大理石や色ガラスを寄せあわせて作る装飾だ。大理石のテッセラはハンマーでひとつずつ割って作る。その小さな細片で幾何学的な模様から、物語を描き出すような図像まで、さまざまな主題が場所にあわせて作られた。モザイクは公共施設でも、一般の住宅でも目にすることができた。ティベリウス・ユリウス・ニケポルスはそのようなモザイクを作る職人のひとりだ。

ニケポルスはおそらくギリシア出身だろう。奴隷として連れてこられ、第二代皇帝ティベリウスに仕えていた。彼がギリシアに暮らしていた頃にモザイク作製の技術を習得したのか、あるいは奴隷として働くなかで技術を学んだのかについては、定かでない。だが、ティベリウスはパラティヌスの丘に屋敷をもち、いくつかの公共建築を造ったので、ニケポルスも職人として腕を磨きながらそのような建築現場で活躍していたのだろう。

その後、ニケポルスはティベリウスによって解放された。自由を得てからは、モザイク職人としてローマ市内に工房をかまえ、奴隷や解放奴隷の職人たちを雇って働いていた。貧しい下働きのモザイク職人が多いなかで、ニケポルスの工房は従業員を雇えるほどに、とても繁盛していた

大理石を割る道具。現在もモザイクを作るために大理石を割るときは同じものを使う　現代のモザイク工房 La Grotta Dipinta＊

ようだ。

モザイク職人の固有名が現代にまで残されることはめずらしい。ニケポルスの場合には、自分と家族、そして奴隷や解放奴隷のために作った墓碑に名が刻まれている（CIL VI 9647）。そこには、モザイク職人を表す「ムセイアリウス」と記されている。ムセイアリウスは、モザイクのなかでもとくに壁面や天井を装飾する職人を指す。それに対して、舗床《ほしょう》モザイクを作る職人はテッセラリウスと呼ばれる。[9] 床と壁ではモザイクを作る技術や目的が異なるために、職人も分かれていた。ニケポルスの工房は壁のモザイクを専門としていたのだ。

モザイクの技術は紀元前二世紀頃にギリシアからローマに伝わり発展した。初期のモザイク作製には本場ギリシアの職人がかかわっていた。たとえば、古代ギリシアの作家メナンドロスの喜劇をモチーフにした美しいふたつのモザイクには「サモス島のディオスクリデス」という署名が残されている。どちらもポンペイの同じ家のために、前一〇〇年前後に作られたものだ。モザイク職人のサインが記されることはめずらしい。ギリシアモザイク好きの家主がわざわざ有名な職人に作らせたので、名前まで残したのだろう。アレクサンドロス大王とダレイオス三世の戦闘を描いた《イッソスの戦い》も、同時期に作られた。幅五・八二メートル、高さ三・三一メートルの巨大なモザイクだ。数ミリのテッセラ（大理石の細片）が敷き詰められている。現在は博物館の壁に飾られているが、もともとは床に描かれていた。

モザイクは床や壁面に塗ったモルタルにサイコロ状のテッセラを埋めこむため、建物の一部とみなすことができる。壁や天井のモザイクは、舗床モザイクに比べると現存するものが少ない。床の場合には遺跡に埋められた状態で保存されるが、壁や天井は崩落したり、剝がれ落ちやすいからだ。現在に至るまで建物が使用され、修復がくり返しおこなわれた場合には、変わらない状態が維持されることがある。たとえば、四世紀前半に建設されたサンタ・コスタンツァ霊廟の天井には見事なモザイクが残されている。

このサンタ・コスタンツァ霊廟の天井はかなり高い。ニケポルスもこのような高所でモザイクの装飾を施していた。それは危険な作業でもある。南イタリアのベネウェントゥム（現ベネヴェント）に壁モザイク職人がいた。奴隷身分のヘルマスという若者だ。彼は高い天井部分のモザイクを作製しているときに転落して亡くなってしまったという。都市に仕える公共奴隷だった父が、その悲劇を息子の墓碑に刻んでいる（*CIL* IX 6281）。

ローマの街並みを思い描くとき、モザイクは欠かすことができない。飲食店の床、家の玄関、浴場の床や壁面、看板として描かれた図柄。モザイクはあらゆるところに用いられていた。ニケポルスが並べたテッセラも、ローマの街を彩りながら、雨に濡れて色を変え、光を受けて輝いていた。

（上段両方とも）ディオスクリデスのモザイク　前100年前後、ナポリ国立考古学博物館* （中段）《イッソスの戦い》前2世紀末、ナポリ国立考古学博物館* （下段両方とも）サンタ・コスタンツァ霊廟の天井モザイク　337－351年頃*

ガイウス・トゥリウス・クレスケンス――大理石取引業者〔一世紀〕

解放奴隷ガイウス・トゥリウス・クレスケンスは大理石の取引をおこなう商人だ。同じ主人に仕えていたトゥリア・プリミッラと連れ添っていた。ふたりには子どもはいなかったようだが、家族同然の解放奴隷たちと事業を切り盛りしていた。従業員の解放奴隷たちは結婚し、子どもをもうけている者もいた。クレスケンスにとっては孫と同じような存在だったかもしれない（*CIL* VI 33886）。

クレスケンスはガルバ倉庫に店をもっていた。この倉庫は約二万平方メートルに一四〇部屋を有する首都ローマ最大の貯蔵複合施設だった。[10] アウェンティヌスの丘の南側、ティベリス川近くに位置する。オスティアの港からティベリス川を上って倉庫まで、船で荷物を運ぶ。倉庫には穀物やオリーブオイルやワインなども貯蔵されていたと思われるが、荷物のなかにはクレスケンスの大理石もあった。彼は各地から集められた大理石をローマの職人たちに卸していた。そのなかには彫刻家やモザイク職人もいただろう。

ルネサンス期の彫刻家ミケランジェロがダビデ像を作るときに用いた現トスカーナ州カッラーラの大理石は、古代ローマの時代からルナの大理石と呼ばれて有名だった。大理石は産地によって色や模様が異なるために、イタリア半島のみならず世界各地から輸入された。ヒュメットス山やパロス島などのギリシア産はよく知られていた。ほかにもフランス、アフリカ、トルコ、アルジェリアなど、各地から大理石は集められた。クレスケンスの倉庫には色とりどりの大理石が積

大理石を切断する工房のレリーフ　１世紀、ローマ国立中世前期博物館*

座っている少女の大理石像
モンテマルティーニ美術館*

みあげられていたのだ。

採石場から割り出された大理石は大きな四角い塊であるが、使用目的にあわせてそれを切断しなければならない。職人の工房を描いたレリーフには、大理石を切断する方法が示されている。ブロック状の大きな大理石が中心に置かれる。その両側にトゥニカを着たふたりの男性が立っている。右側の人物は上半身が裸で、力仕事をしていることがわかる。この人物が手にするのは、石を切るのこぎりだと解されている。のこぎりで大理石の石板を切り出そうとする場面だ。手前にはふたつの壺（アンフォラ）があり、ひとつは立てかけられていて、もうひとつは半分に割られて横たえられている。この壺のなかには水と砂を混ぜた泥が入っている。右上のざるは砂をふるいにかけるものだろうか。長い柄のスプーンが壺の上に置かれているが、切り出そうとする大理石に刻まれた溝に、このスプーンですくいとった泥水を注ぎこむ。そこにのこぎりを入れて引くことで大理石を切断する。

大理石はローマを彩る重要な素材だった。コロッセウムもかつては大理石で覆われていたが、現在のコロッセウムにはほとんど残されていない。ローマ帝国が崩壊して以降、古代の建築物に残されていた大理石は新しく造られる都市の建材として再利用された。コロッセウムは巨大な石切り場とみなされ、はぎとられた大理石はキリスト教の聖堂に利用された。そのため現在の教会では、ローマ時代の建築に使われていた柱や建材をいたるところで目にすることができる。たとえばサンタ・マリア・イン・トラステヴェレ聖堂身廊の柱頭やその上の水平部分（エンタブラチュア）は古代に造られたカラカラ浴場などから持ち出されたものだ[1]。

（上段）ローマ時代の大理石を再利用したサンタ・マリア・イン・トランステヴェレ聖堂の身廊＊　（中段）セプティミウス・セウェルスの凱旋門＊　（下段）セプティミウス・セウェルスの凱旋門に美しく刻まれた文字＊

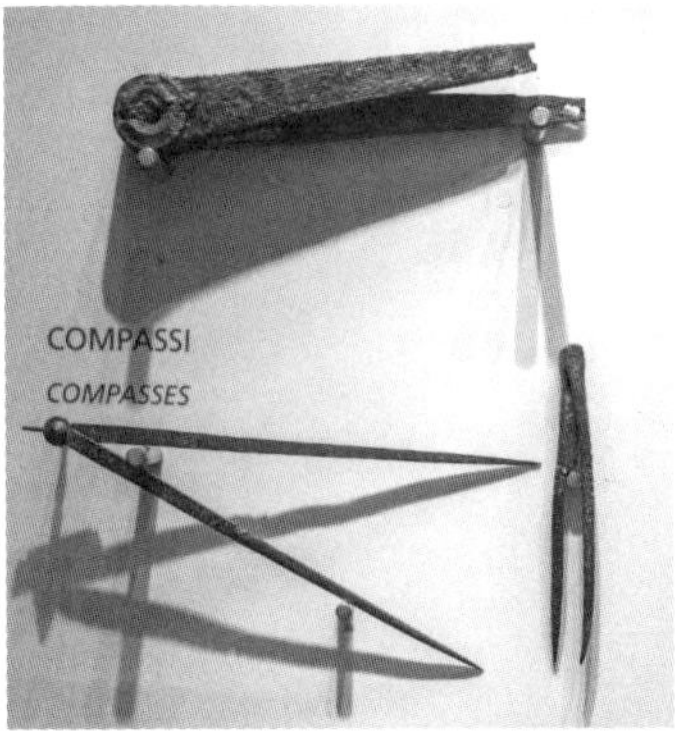

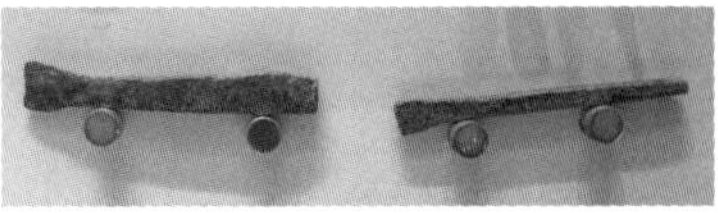

大理石に文字を刻むためにコンパスやのみが使われた　両方ともディオクレティアヌス浴場*

大理石は彫刻やモザイクや建材など、さまざまな用途で使われたが、長く後世に言葉を残す碑文を刻みこむためにも用いられた。凱旋門に掲げられた公的な性質の強い記録もあれば、個人墓のような碑文もある。たとえば、セプティミウス・セウェルスの凱旋門には輝かしい業績が端正な文字で記録されている。とりわけローマの公的な碑文に刻まれた文字は美しく整っていた。のみで正確に刻むために定規やコンパスが使われた。平筆で下書きを描き、細かなトメやハネまで再現する場合もあったという。彫られた文字に色彩を施したり、文字をかたどった金属をはめこむこともある。文字で記録を示し、後世に残すことをローマは重視していたのだ。

　クレスケンスが扱う大理石は世界各地から運ばれてきた。加工された石はそれぞれの専門職人たちの手に渡る。公共建築を彩り、彫刻家によって姿を変え、美しい文字を刻みこまれる。いまなおその大理石は現代のローマで生きつづけている。クレスケンスの大理石も聖堂の一部に残されているかもしれない。

ストゥディウス——フレスコ画家〔前一世紀後半〜後一世紀〕

ストゥディウスはローマで有名な壁画作家だった。プリニウスが特筆すべき画家のひとりとして取りあげているために（『博物誌』第三五巻一一六）、おそらく皇帝アウグストゥスなどの富裕層の庇護を受けていたと考えられる。ただし、『博物誌』の写本伝承上の問題で名前には議論がある。「ストゥディウス」が一〇世紀の写本に残るもっとも有力な名前だとみなされるが、「ルディウス」や「タディウス」という名前であった可能性も指摘されている。[12]

ストゥディウスは壁面にフレスコ画を描いていた。ポンペイの多くの家がカラフルな絵で装飾されているように、フレスコ画は一般の家庭にも公共建築物にも広く用いられていた。壁の一部分に描かれることもあるが、部屋全体を覆うように描かれることも多い。ローマから一二キロほど離れた静かな田舎プリマ・ポルタに、アウグストゥスの妻リウィアの別荘（前三〇〜二〇年頃建造）がある。その別荘の壁一面に美しい庭園が描かれている。自然豊かな庭園。木立には果物が実り、色とりどりの花が咲く。壁に覆われているとは思えないような空間が演出され、青空はいまも輝いている。

フレスコは漆喰《しっくい》が乾かないうちに、水で溶いた顔料で絵を描く技法だ。壁に素早く直接描かな

ポンペイのヴェッティ家には、部屋全体にフレスコ画が描かれている*

くてはならないが、すっと染みこむ顔料はひとたび漆喰が乾くと発色が保たれたまま、長期間劣化することがない。ただしポンペイの壁画では乾いた漆喰壁面に描く乾式フレスコの技法もあわせて使われている。その場合には顔料に卵などの媒材を混ぜて使用するため、いまでいうテンペラの技法に似ている。いずれにせよ、壁画の制作はひとりでおこなうのではない。ポンペイでの分析から、漆喰を塗る職人のみならず、複数の画家が同時に描いていたことが明らかになっている[13]。

ストゥディウスもまた複数の職人たちとともに描いていただろう。彼はおそらく工房の主人だった。ストゥディウスは全体の設計やデザインを作り、主要部分を描く。ほかの多くの職人たちは彼の指示のもとに作画していく。さらにいえば、壁画はモザイクと同じように建築工程のなかで描かれるものだ。だか

（上）リウィアの別荘の壁に描かれた美しい庭園のフレスコ画　マッシモ宮殿*　（下）フレスコ画に使用する顔料　ナポリ国立考古学博物館*

ら大工やモザイク職人などとも共同して制作していたと考えなければならない。おそらくは建築全体のデザインや工程を仕切る建築家がいて、指示を出していたのだろう。職人たち、工房相互の連携が垣間見える。

ストゥディウスはアウグストゥスの治世の頃に活躍したとプリニウスが伝えている。この時期、壁画には大きな変化があった。奥行きを表現する空間描写を用いて、風景が描かれるようになったのだ。ストゥディウスは風景画のジャンルを開拓して有名になった人物だった。邸宅、列柱、庭園、木立、森、丘、池、運河、川、岸辺など、さまざまな風景を壁に描いた。さらに風景に人々の営みを描いたことに彼の特徴があるという。ボートや馬車に乗る人々。釣りや狩りをする場面。滑稽《こっけい》な姿や機知に富んだ図柄が風景のなかに表現されていた（『博物誌』第三五巻一一六〜一一七）。壁に閉ざされた空間に、物語を感じさせるような広がりをもたらしたのだ。

ローマの絵画にはさまざまなジャンルがあった。たとえば、画板に描いて飾ることもあるし、神殿に特有の装飾が描かれることもある。日常風景、歴史上の人物、神話なども題材とされた。壁画とともに重要だったのが、肖像画だ。アナトリア半島のミュシア地方の町キュジコス出身の女性画家イアイアは、女性の肖像画を専門にしていた。彼女はローマでは筆で絵を描いていたが、彫刻刀で象牙に彫ったり、ネアポリス（現ナポリ）では木に老婦人の絵を描いた。筆が速く、多くの肖像画を描いて同時代の誰よりも稼いだ。また、イアイアは鏡で映した自画像も描いたという（『博物誌』第三五巻一四七〜一四八）。

肖像を描くような職業画家はひとりで作業し、現在のアーティストと同じように個人として名

（左から）女性画家を描いたフレスコ画　ナポリ国立考古学博物館*／ボッカッチョ『名婦列伝』の挿絵《イアイア》　1403年頃、フランス国立図書館

声を得ることが多かった。それに対して壁画を描くようなフレスコ画家は現場で作業し、工房として作品を完成させる職人だ。だから広く名前が知られるようになるのはめずらしい。ストゥディウスの名が知られたのは、彼が開拓した風景画のジャンルがそれほどローマに受け入れられたということかもしれない。

ストゥディウスの風景画はさまざまな発展を遂げながら、人々の日常を楽しませた。その伝統は、のちの西洋絵画にも受け継がれることになる。

エニオン――ガラス職人〔一世紀前半〕

シリア属州の海岸都市シドンの町（現サイダ、レバノン南部）では、ガラス工芸が盛んだった（プリニウス『博物誌』第三六巻一九三）。ここは海洋貿易で栄えたフェニキア人の主要都市で、古くから繁栄していた。エニオンはこの町に生まれたガラス職人だ。一世紀初頭、彼はシドンの町に工房をかまえた。

ガラスの利用は古く、紀元前二五〇〇年頃からメソポタミアやエジプトなどで始まったとされるが、とても高価だった。ところが前一世紀頃、吹きガラスの製法が東地中海、おそらくエルサレムのあたりで開発され、ガラス製作が活発になる。溶けたガラスにパイプで空気を吹き入れて形を整えるという、現在でも続けられている技法だ。これにより高価な設備を必要とせず、安価に大量の製品を作ることができるようになり、ガラス製品の価格は下落し、ローマでも日常的に使われるようになった。ガラスの普及によって形や大きさのバリエーションも増えた。小さな香油瓶、盃、皿、大きな容器。モザイクを作るための色ガラスのテッセラ（ズマルト）も作られた。もともと多彩な色のついたガラスが多かったが、一世紀後半から次第に透明なガラス製品も作られるようになり、めずらしくはあるが窓ガラスもあった。イタリアにも製法は伝えられ、各地に

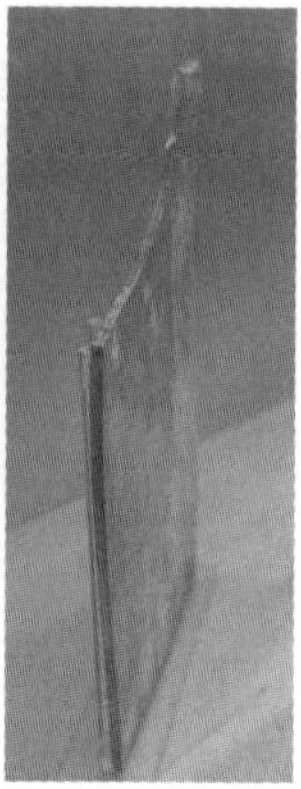

（左から）さまざまなガラスの容器　前1世紀頃、アルテンプス宮殿*／窓ガラス　1世紀、ナポリ国立考古学博物館*

工房ができるとともに、シドンのガラス職人も移住して工房を始めた。ローマにはガラスの専門店も作られた[14]。

ガラスの流行が勢いを増すなかで、エニオンは新たな製法を用いた高品質なガラス製品を世に送り出す。「型吹きガラス」と呼ばれる製造法だ。パイプで空気を入れたあと、さらに鋳型に吹き入れる。鋳型を作る工程が増えるが、その分繊細な装飾を施すことができる。この製法をエニオン自身が発明したかどうかはわからないが、型吹きガラス専門の職人として工房を営み、有名になった人物であることは確かだろう。

二二〇ページ上段の画像はエニオンが作った水差しだ。高さ一八・四、幅一〇・六センチの茶色ガラスの表面に細かな凹凸で模様が浮き出る。上部には四つに分解できる複雑な鋳型を用い、底はまた別の鋳型を使って、最後に上部と底をつなぎあわせる。全体に均衡のとれた美しい仕上がりだ。中段の画像のカップは本来は左側にも持ち手がついていたが欠けてしまっている（高さ六・二、幅一一・一センチ）。半透明の黄色い表面にブドウの蔦《つた》模様など繊細な装飾が施されている。底の部分には別の鋳型を用いて、美しい幾何学模様を描いており、細部にいたるまで丁寧なこだわりを感じる。

エニオンのガラス製品の最大の特徴は、署名が記されていることだ。四角い枠の左右に三角形の取っ手のついた飾り額があり、「エニオンが作った」とギリシア語で書かれている。ギリシア語で署名されてはいるが、「タブラ・アンサタ」と呼ばれるこの飾り額は奉納物や所属部隊の表示、墓碑や公共建築物などさまざまな場面に用いられ、ローマで好まれるデザインだった。エニオンのロゴマークはローマ人に向けて高品質なブランドを誇るかのように、カップの中央に掲げられている。

デザインを考え、鋳型を作り、ガラスを吹く。作品完成までの過程には複数の職人がかかわっていたはずだ。エニオンがどの過程の職人であったかについては議論が分かれている。だが一般的に、ガラス工房が陶器の工房などと比べて小さな規模だったことを考えると、おそらくすべてを監督する立場にあり、型吹きガラス専門の「エニオン工房」を切り盛りしながらも、実際にひとりの職人としてガラス製品を作っていたのだろう。[15]タブラ・アンサタに掲げられた「エニオンが作った」という言葉は、職人のプライドを表している。

ガラス職人の署名が記されることはめずらしいが、ほかにもいくつか例はある。たとえば、イアソン、メゲス、ネイカイオスなどの名前が書かれたガラス製品が見つかっている。[16]職人や工房の名前が流通の過程で重視される、あるいは高い価値がつけられるというのは興味深い。現存するエニオンの作品は三〇以上確認されており、スペインからイスラエル、黒海の北岸にいたる地

（上段）エニオン作のガラスの水差し　１世紀前半、メトロポリタン美術館　（中段）エニオン作のガラスのカップ。（下段左から）カップを下から見た様子／カップに記されたエニオンの署名　１世紀前半、メトロポリタン美術館

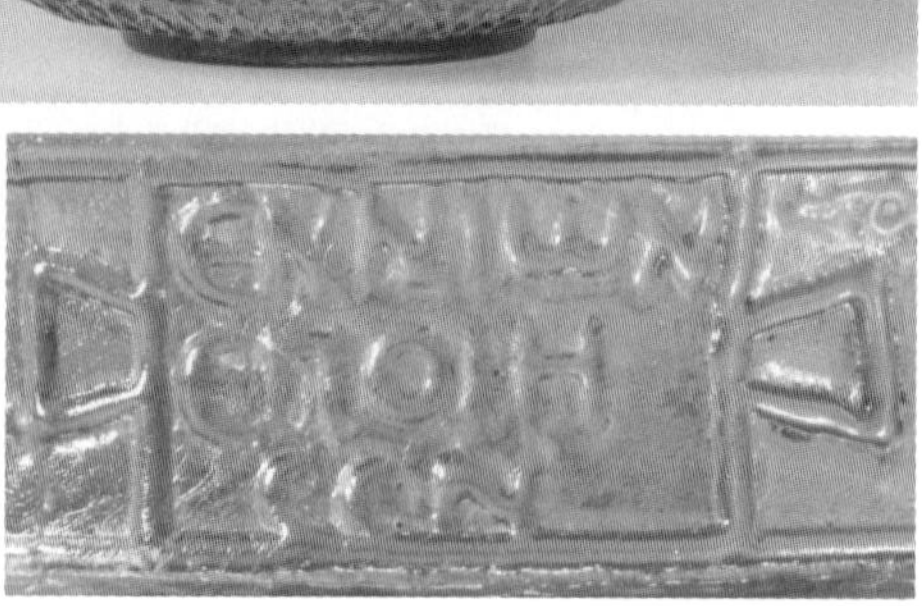

中海全域で発見されている。エニオンの工房で作られたガラスのすべてに署名が記されていたわけではないだろうから、かなり大量の商品が世界中で売られていたと推測できる。

ローマが確立した流通網は地中海の経済活動を活発にした。商品の行き来のみならず、技術や人的交流、すばやい情報伝達も促した。シドンの町から世界へ、エニオンの名声とガラスは伝わっていった。エニオンは美しいガラス製品を作る職人としてすぐれていたばかりでなく、工房の経営、流通網を活用した販売や宣伝においても成功をおさめたといえる。

シドンの町で工房を営んでいたエニオンは、流通の中心地であるイタリアに移住したのではないかと推測されることもある。[17] そう思わせるほど、エニオンのロゴマークは特別なガラス工芸品として世界中に広がり、人々に愛されていた。

イアソンのサインが入っているカップ　メトロポリタン美術館

カメリア・イアリネ——縫製職人〔一世紀〕

カメリア・イアリネはトゥスクス街でブティックを開いていた。彼女の店先にはたくさんのトガやトゥニカが並んでいる。道行く人が足をとめ、イアリネの店で上質な服を選ぶ。先代から続く彼女の店はいつもにぎわっていた。

イアリネはトゥラソの解放奴隷だ。トゥラソはアレクサンデルの解放奴隷で、アレクサンデルもまたルキウスという人物の解放奴隷だった。イアリネはトゥラソとアレクサンデルが営む工房で働き、縫製技術を学び、解放後には師匠の工房を継いだのだろう。工房を切り盛りするために、彼女自身も何人かの奴隷を手に入れた。自分がそうであったように、イアリネは縫製技術を教えながら服飾店を経営していた。

その奴隷たちのなかに、オネシムスもいた。そして、イアリネとオネシムスは恋に落ちた。奴隷と結婚するために、主人が奴隷を解放することはしばしばあった。男性の主人と女性の奴隷という組み合わせが多いが、イアリネたちの場合は逆だ。イアリネはオネシムスを解放し、ふたりはめでたく結婚した。幾人かの子どもにも恵まれた。ローマには自由人と奴隷という社会的な立場の違いが明確にある。しかし、ともに暮らし、働く者たちの関係はもっと柔軟だ。

羊毛を紡ぎ服を作る女性たちの壺絵　前550－530年頃、古代ギリシア、メトロポリタン美術館

織物は日常生活に欠かせないものだった。衣服以外にも、寝具、タオル、敷物、家具などあらゆるところに布が使われた。そのため、家庭内ではとくに女性が機織りや針仕事を担って、家族のための服を仕立てていた。女性の機織りは地中海地域の伝統的な営みといってもよいかもしれない。ヨーロッパ最古の文学作品であるホメロスの『イリアス』では、機織りは王妃から召し使いまでおこなう女性の典型的な仕事とされている（第六巻四八二行以下）。神話のなかでも機織りは女性と結びつけて語られる。機織りの技術を発明したのは女神ミネルウァ（アテネ）だった。アラクネという女性はそのミネルウァに機織り比べを挑み、女神に勝るとも劣らないタペストリを編んだという（オウィディウス『変身物語』第六巻）。文学作品には、姉妹たちが機織りをしながら、物語を順番に語るという設定が用いられることがあるが（『変身物語』第四巻）、実際に機織りの作業は女性が集まってコミュニケーションをとる場とも考えられていたのだろう。

機織りが妻や娘の理念的な伝統だとしても、現実に生きるローマの女性たちがみな家にこもって縫い物をしていたわけではない。裕福な家では機織りをするところから服を仕立てるまでの各工程のために何人もの奴隷を抱えていたし、毎日働きに出る一般の女性に針仕事をしている時間はない。また家で機織りをする女性も、自宅で使う分だけでなく、それ以上に作っ

ビキニを着た女性たちのモザイク　4世紀、ヴィッラ・ロマーナ・デル・カサーレ

て市場などで売っていた[18]。生地を専門店に卸すこともあったろう。織物や麻布は一大産業であり、地中海全体で取引された[19]。そしてイアリネのブティックのような服飾店が立ち並び、都市生活を支えていた。

ローマ市民の正装はトガだったが（→七六ページ）、日常的には男女ともにトゥニカを着ることが多かった。羊毛や麻製で、二枚の布地を肩とわきの部分で縫いあわせて作った。長いTシャツのような感じだ。ベルトを巻くこともある。丈は男性は膝まで、女性は足首までのものを着ることが多かった。半袖が主だが、長袖やショートスリーブ、ノースリーブもあった。男性がトガを着る場合には、トゥニカの上に羽織った。裕福な家の既婚女性はトゥニカの上にストラと呼ばれる丈の長い袖なしの上着や、パッラという外套を身につけた。トゥニカの下には、男女ともに下着をつけた。腰巻のようなものを巻いていたようだ。女性は胸を支えるブラジャーも使用していた。イアリネの店は「上品な服」を売っていたというから、質のよいトゥニカやトガ、ストラなどを仕立てていたのだろう。

イアリネ、元主人アレクサンデルとトゥラソ、彼女の解放奴隷、そして夫オネシムスと子どもたち。彼らはみなイアリネの建てた同じ墓に眠っている（CIL VI 37826）。師弟関係にある彼らが同じ工房で働きつづけていたか否かについては議論がある。だが、主要な相続人が墓碑を建てるというローマの習慣から推測するならば[20]、イアリネは師匠トゥラソと大師匠アレクサンデルが営んでいたトゥスクス街の工房を継いだと考えられるだろう。

イアリネを中心に固く結ばれた職人たちの絆。代々継承される縫製の技術。そこには親子のような、大家族のような結びつきが見えてくる。

トゥニカにパッラを羽織ったリウィアの彫刻　アラ・パキス*

毛糸を入れたかごのフレスコ画　ナポリ国立考古学博物館*

ルキウス・ナエウィウス・ヘレヌス——銅細工職人〔一～二世紀〕

ルキウス・ナエウィウス・ヘレヌスは三人の解放奴隷とともに銅の合金、青銅や真鍮《しんちゅう》などの金属で調理用具や食器を作る工房を営んでいた。「ヘレヌス」という名前から、彼はギリシア出身だろう。三人の解放奴隷はエレウテリウス、ナルキッスス、テスムスだ。彼らも名前からギリシア系だと考えられる。同地出身ということが奴隷購入のきっかけになったのかもしれない。三人は奴隷としてヘレヌスの工房で銅細工の技術を学び、解放されたあとも同じように働いた。

ヘレヌスには妻や子どもはいなかったようだ。というのも、工房や財産は、エレウテリウス、ナルキッスス、テスムスの三人が相続しているからだ[21]。工房にはほかにも、店の切り盛りをする奴隷やヘレヌスの孫弟子にあたる解放奴隷が働いていた。彼らのなかには結婚して子どものいる者もあった。工房は三世代が暮らすひとつの「家」のようだ。ヘレヌスの墓碑は相続財産から遺志に基づいて建てられたという。それはヘレヌスのみならず、弟子や解放奴隷、その子孫のため、そして次に工房を受け継ぐ者たちの墓だ（CIL VI 9138）。

ローマ以前に中部から北イタリアで勢力を誇っていたエトルリア文明は、高度な青銅製品を作り、金属の交易で栄えた（↓六四ページ）。イタリア半島は鉱物資源に恵まれており、とくにエトルリアの中心地であるトスカーナ地方は豊富だった。[22] ローマはエトルリア文明で発展した技術と資源を継承した。さらにローマが支配地域を広げたあとには、鉱物の豊かなイベリア半島からも多くの金属を輸入した。都市の奴隷に比べると、鉱山奴隷は過酷な肉体労働を強いられていたが、彼らの手で採掘された金属によってローマ人は豊かな日常生活を送ることができたのだ。

ブロンズのキマイラ像。金属加工技術の高さがうかがえる　前400年頃、フィレンツェ国立考古学博物館*

銅は一般的に錫《すず》や鉛《なまり》を加えた青銅にすることで硬さが増し、加工しやすくなる。その錫と鉛の含有量によって性質も変わる。ハンマーで打ちのばして鍛造するのに適した素材を必要とする場合もあれば、含有量を調整して融点を低くし、鋳造に適した素材を作ることもあった。小さな物を作る場合には、ハンマーで鍛えた。しかし、一五センチを超えるような大きな物を作るときには鋳造を用いた。職人たちは使用目的、作る物にあわせて合金を調合し、青銅を加工する。高度な技術と経験が必要だった。

銅はさまざまな物を作るのに使われた。たとえば、セステルティウスやアスといった、庶民がもっともよく使う硬貨は銅で作られる。時代によって素材や含有物は異なるが、紀元前二三年にアウグストゥス

青銅製のマルクス・アウレリウス騎馬像
2世紀後半、カピトリーニ美術館*

がおこなった貨幣制度改革以降は、アスは銅で、デュポンディウスは青銅、セステルティウスは亜鉛を含む黄銅（真鍮）だった。現代日本の硬貨でいえば、一〇円は青銅で、五円が黄銅だ。ローマでは黄銅は青銅よりも価値が高かった。また、武器や防具には硬い鉄以外にも銅が多用された。高価な指輪やネックレスは金や銀で作られるが、一般的な装飾品は銅製だ（↓一九九ページ）。医療器具などの特殊な器具から、鍋や針やハサミといった日用品まで、銅は日常生活に欠かせないものだった。ブロンズ像もたくさん作られた。カピトリーニ美術館に収められているマルクス・アウレリウスの騎馬像は高さ五メートルを超える青銅製の彫刻

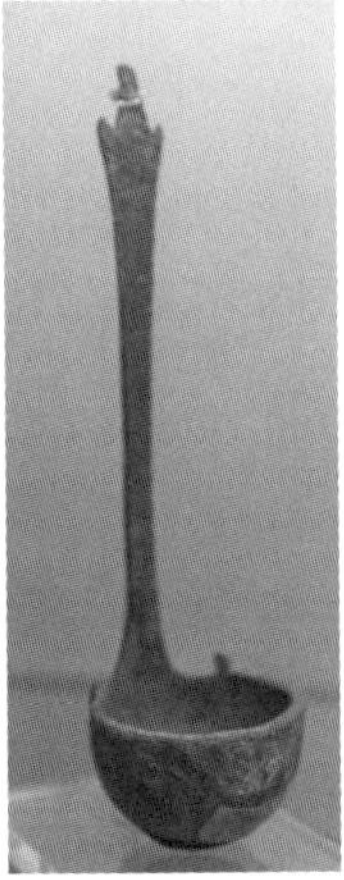
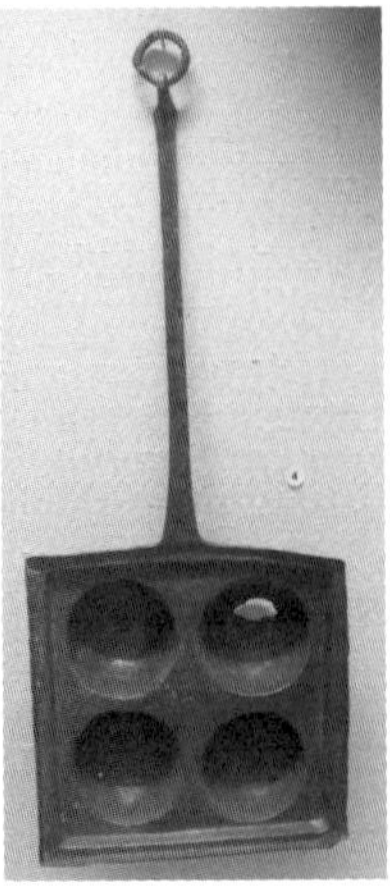

（上段左から）青銅でできた鍋類*／青銅製の平鍋。美しい装飾が施されている　4世紀、クリプタ・バルビ*　（中段左から）漏斗*／おたま*／卵あるいは丸パンを焼くための道具*　（下段左から）ウサギ型のパイ焼き鍋*／丸パンを焼くための道具*　1世紀、中段・下段すべてナポリ国立考古学博物館

で、もともとは金メッキが施されていた。

ヘレヌスが手がけていたのは青銅製の調理用具や食器だ。高価な銀の食器もあったが、庶民は木製や陶器、そして銅製品を使っていた。食が豊かになるにつれて、器具や食器も多様化した。現在と同じような形の鍋やフライパンが使われたが、なかには美しく装飾が施されたものもある。漏斗《ろうと》やおたまもあったし、タコ焼き器のような丸パンを焼くための道具もあった。豚やウサギ型のパイ焼き鍋もある。さまざまな形状の調理器具には、単に食べ物を作るための道具というだけでなく、調理のしやすさや食を楽しむための工夫がみられる。日常的に使う道具にも気配りをするような豊かさがローマにはあった。

ローマの街には銅細工職人のハンマーの音がうるさいくらいに響いていたという（マルティアリス『エピグランマタ』第一二巻五七）。ヘレヌスもまた毎日ハンマーを振るっていただろう。工夫を凝らした調理器具。それを作る職人たちが豊かな食文化を支えていたのだ。

コルネリア・ウェヌスタ──釘専門の鍛冶工房〔一世紀〕

アウグスタ・タウリノルムという町（現トリノ）に、釘職人の夫婦が住んでいた。コルネリア・ウェヌスタと、夫プブリウス・アエブティウスだ。夫アエブティウスは生来の自由人だが、妻ウェヌスタはルキウス・コルネリウスの解放奴隷だった。ふたりが営む釘の工房では、解放奴隷の女性クレスケンスを雇い、ムロという名のかわいらしい少女の奴隷も所有していた（CIL V 7023）。

釘専門の工房は一世紀頃から定着した。一般的な鍛冶屋でも釘を作っていたが、専門の職人は圧倒的に多くの釘を生産することができる[23]。一世紀頃から専門職人が出現した背景には、ローマの急速な発展と需要の増大が関連しているだろう。現存する古代ローマの遺跡には石造りの部分ばかり残されているが、建築であれ、製品であれ、むしろ木が多用されていたので、釘は大量に消費されるものだった。ウェヌスタやアエブティウスのような専門の職人が必要とされていたのだ。

職人の細分化はさまざまなところに見られる。たとえば、マルクス・セルギウス・エウリュクスという人は馬車の車軸を専門に扱う職人だった。エウリュクスはピロカルスの解放奴隷だ。主

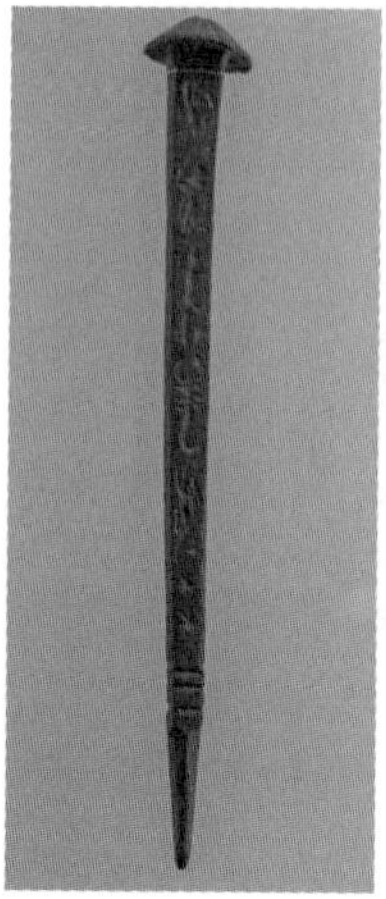

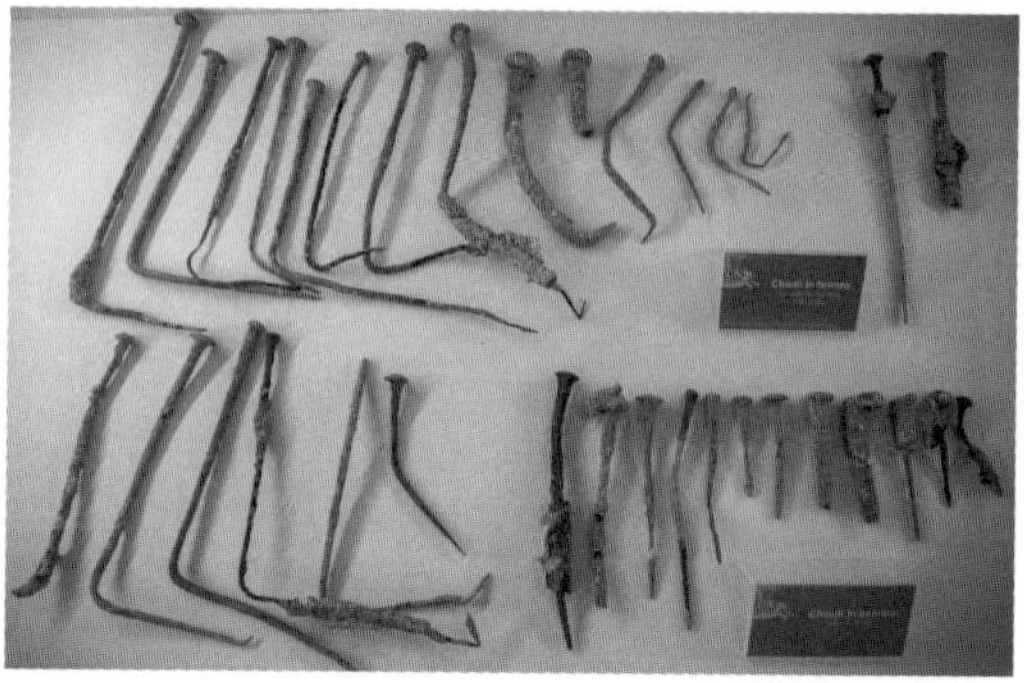

古代ローマで用いられていた釘　（左）ディオクレティアヌス浴場*　（右）ジョバンニ・マロンジュ市立考古学博物館*

人ピロカルスの工房で奴隷として働きながら職人の技術を習得し、ピロカルスの死後は工房を継いだ（CIL VI 9215）。車軸専門の職人がいたことは、馬車の全体数が増加したことに由来する。車軸の製造には特殊な専門技術が必要であるから、馬車の数を増やすためには、車体の部品ごとに専門工房に発注するほうが効率的だった。また消耗の激しい車軸部分には定期的な修理が必要だった。この車軸の製作にも釘は欠かせない。ローマでは専門店の経営が成り立つほどに職業の分化が進んでいたのだ。

　鍛冶屋は鋳塊（インゴット）を製錬所から調達し、専用の道具を使って工房で鋳造する。不要になったくず鉄を再利用することもあった。ある鍛冶職人の墓碑には鉄床《かなとこ》、ハンマー、熱した金属をつかむためのやっとこばさみなどの工具が描かれている。工具の形状は現在にいたるまでほとんど変わっていない[24]。ただし専門の職人は専用の道具を使った。たとえば、釘を作製するときには釘の頭を作る必要があるため、専用の特

鋳塊には製造者の名前が刻印されている　ジョバンニ・マロンジュ市立考古学博物館*

工具が描かれた鍛冶工房の墓碑　90－110年頃、アクイレイア国立考古学博物館　©Sailko/Wikimedia Commons

殊な工具が開発された。ウェヌスタもそのような道具を使っていただろう。

武器や防具もまた専門の鍛冶屋によって作られた。たとえばルキウス・ノウィウス・フェリクスと彼の解放奴隷アポロニオスは刀鍛冶の工房を営んでいた（CIL VI 9442）。刀鍛冶は新しい武器の作製に加えて、日常的な修理やメンテナンスをおこなった。武器には木材も使われたが、槍の穂、矢、剣や短剣、投石機の部品などには金属を用いたので、特殊な技術が必要だった。また軍隊には兵士として武具を作る職人が随行していた。遠征中にも必要となるからだ。従軍中に身につけた技術を用いて、退役後に工房を開くような職人もいた。

ウェヌスタの墓碑には彼女が「職人」であると明記されている。それでも、ウェヌスタとアエブティウス夫婦の役割についてはさまざまな意見がある。女性の鍛冶職人は男性に比べると少ないことから、夫アエブティウスが釘を作り、妻ウェヌスタが販売していたと考え、ウェヌスタは実際には職人ではなかったと指摘される場合もある。しかしほかの職人や工房の例からも、おそらく夫婦そろって金属を鍛え、工房の経営をしていたのではないだろうか[25]。

たとえば一〇人の鍛冶職人の名が連なる墓碑がある。彼らはみな、ティティウスとファンニアという人物の解放奴隷だった。このふたりは夫婦だと考えられている[26]。共同で奴隷を所有し、解放したのちに鍛冶工房を任せていたことから、夫婦で工房を経営していたことがわかる。その鍛冶工房で職人をしていた一〇人のうちのふたり、ファンニア・カッリステとファンニア・ピエリスは女性だった（CIL VI 9398）。彼女たちも職人として金属を鍛えていた。

ティティウスとファンニアの工房には一〇人も職人が所属していたから、大きな工房であったのだろう。一般的な工房の経営は家族と少数の解放奴隷でおこなわれることが多く、技術も少人数に受け継がれていった。ウェヌスタの工房も小規模だった。しかし、その技術や工具は確実に受け継がれていく。工房で働いていたまだ若い少女ムロも成長して釘職人になったかもしれない。墓碑に記された「職人」の文字は、ウェヌスタが女性職人だったことの誇りを示している。

耳をすましてみると、石畳の下からは水道管を流れる音が聞こえる。それがローマの生活の音色だ。

コラム　水道橋

首都ローマの人口は一世紀初頭に八〇万人、二世紀中頃に一〇〇万人に達していた。日常生活の飲料水のみならず、公衆トイレや公共建築物などへ大量の水が必要だった。一一本の水道で遠くから水を運んだ。このシステムによって、衛生的な水を安定して供給することができた。このローマ式の水道はローマ影響下の都市に広まっていったので、現在でもヨーロッパ各地で水道橋を目にすることができる。

アッピウス・クラウディウス・カエクスが紀元前三一二年に上下水道を完備した最初の水道を建設した。アッピア水道と呼ばれる。水源はローマの北東一二キロメートル、水道の総延長は約一六・五キロメートルだった。ほとんどは地下一五メートルの配水管によって市街まで水を運んだ。

五二年にはクラウディア水道が完成した。アニオ川上流のカエルレウスとクルティウスの泉が水源で、全長約六八・七キロメートルだった。そのうち約五三・六キロメートルは地下を、約一五・一キロメートルは地上を通った。水道は緩やかな勾配を利用して市街まで水を運んだ。水源の高さは三二〇メートルだったので、長い距離の傾斜をつくるためには緻密な

（上段）クラウディア水道。ごくわずかな傾斜をつけることで、街へ水を運んだ*　（下段左から）トレヴィの泉*／導水渠*

高級デパート地下のカフェにそのまま保存されているウィルゴ水道*

計算が必要だった。美しいアーチ構造を有する水道橋はほとんど水平を保っているように見える。水は水道橋のいちばん上に造られた導水渠《どうすいきょ》を通り、パラティヌスの丘まで運ばれた。

アウグストゥスの側近マルクス・ウィプサニウス・アグリッパは、前一九年にローマの東北東にある水源から全長約二一キロのウィルゴ水道を引いた。ホルトルムの丘にあったルクッルス家の地所を通ってマルスの野に入り、パンテオンの南側にあるアグリッパ浴場に水を運んだ（フロンティヌス『水道書』第一巻一〇）。これはローマではじめて建設された大型公衆浴場（前二五年建設）だ。お湯をためた浴槽のみならず、冷水風呂やサウナなど、さまざまな施設をもつ浴場はとりわけ大量の水を必要とした。

ウィルゴ水道はローマ帝国崩壊後、維持できずに廃墟となっていた。しかし一四五三年にニコラス五世が水道を復興し、その後修復をくり返しながら現在まで使われている。ウィルゴ水道は現在アクア・ヴェルジネと呼ばれ、その終着点には大量の水をたたえるトレヴィの泉がある。

ベレニウス・ウェルス――配管工〔二世紀前半〕

ベレニウス・ウェルスは配管工だった。都市に飲み水を送り届け、下水を排出する配管。彼の名は鉛の配水管に記されている。[27] 時代や地域にもよるが、配水管にはパイプの所有者と作製者が記されていた。たとえばある家に水を引く場合には、配水管を作った職人の名と、家主の名前が記された。公共建築の場合には、監督官庁や建造に出資した人物の名前が記されるので、皇帝の名が示された配水管も多く見つかっている。ウェルスの配水管はオスティアの公共浴場に水を運んでいた。そのため、浴場の建築主であるマルクス・ガウィウス・マクシムスの名も隣に記されている（↓一七九ページ）。

古代ローマの建築家ウィトルウィウス（前一世紀〜後一世紀前半）によると代表的な送水管は三種類ある。石で築いた水路、ウェルスが作るような鉛管、そしてテラコッタ製の陶管だ（『建築書』第八巻六章）。そのほかにも木製の管などがあった。陶管は長さ四〇〜七〇センチほどの円筒形で、上の管を下の管にねじこんで固定することができた。[28] ウィトルウィウスは、陶管の場合には不具合をきたしたとき誰でも直すことができるという利点を挙げている。部品の交換やひび割れの修復も容易だろう。また鉛管が健康被害を誘発するのに対して、陶管は衛生的であるとも伝えている。水質や配水管の素材への配慮など、水に関する衛生観念があったことがわかる。

　水圧をあげるには、ウェルスが作っていたような金属の管が適していた。青銅の管もあったが、より安価な鉛管が一般的だった。鉛管にはいくつもの口径サイズがあったが、規格化されていて接続が可能になっていた。一世紀の水道技師フロンティヌスは二五種類のサイズを細かく列挙し

皇帝ウェスパシアヌスの名が記された配水管　アルテンプス宮殿*

首都ローマで使われていた陶管　サン・ジョバンニ駅*

安価な鉛管が一般的に使われた　１世紀頃、マエケナス国立考古学博物館*

配水設備　ナポリ国立考古学博物館*

ており、そのうち一五種類が一般的に使われるものだと伝えている（『水道書』第一巻三七以下）。直径二・三センチほどの細い管から、二〇センチを超える大口径のものまであった。また鉛管は陶管よりも長かった。

鉛の配水管は完全な円というよりもやや楕円形や三角形だった。溶かした鉛を型に流しこみ、長方形の板を作る。それを曲げて丸めるように加工し、重なる部分をはんだ付けした。オウィディウスの『変身物語』には、「欠陥のあった鉛管が破れて、空を裂くように水が射出される」という表現がある（第四巻）。強い水圧のかかる配水管が滞りなく機能することは、都市生活を維持するうえで重要だった。また単純な円柱形の水道管のみならず、水のくみあげ設備や多方面への分水、水量や水圧を管理する装置など、導水にはさまざまな設備が用いられた。漏れることなく複雑な配水管を加工する技術は職人技だ。

サルデーニャ島近郊の海で発見された古代の沈没船からはたくさんの鉛の鋳塊が見つかっている。この島は首都ローマの港町オスティアへの貿易中継地点だった。ウェルスもまた輸入された鋳塊を仕入れて、溶かして配水管を作っていた。それぞれの鋳塊には質を担保するために製造者

サルデーニャ島近郊。古代の沈没船から発見された鉛の鋳塊
ジョバンニ・マロンジュ博物館*

鋳塊には製造者の名前が刻まれている
ジョバンニ・マロンジュ博物館*

水源から都市に運ばれた水をためるタンク。ポンペイのカステルム（分水施設）*

ポンペイの水くみ場として使われていた噴水。水はつねに流れたままになっていた*

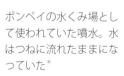

の名が記されている。直接には顔をあわせたことのないであろう職人たちは、記された名前を通じて交流していた。鉛は職人から職人の手に渡って形を変えていったのだ。

水は遠方の衛生的な水源から都市に運ばれ、カステルムと呼ばれる分水施設にたどり着く。このタンクにためられた水をろ過し、いくつかの配水管に分けて、公共施設や個人宅へと流した。それでも庶民の自宅、とりわけ集合住宅（インスラ）の上階に暮らす人々の家に水道はなく、公共の水道施設まで水をくみに行った。人口一万人ほどのポンペイの場合、辻に公共水道（噴水）が置かれていて、どの家からでも五〇メートル以内に水汲み場があるよう都市設計がなされている。[29]

水道管は道の下に埋められていた。現在のローマの繁華街、コンドッティ通りには高級ブランド店が立ち並ぶ。この通りの名前は、地下にウィルゴ水道の「配水管（コンドッティ）」が埋められていることに由来する。この配水管はウィルゴ水道から分岐した支流で、現スペイン広場の坂を下り、道路の地中を通ってマルスの野に水を送っている。

ウェルスの水道管も地中に埋められ、オスティアの公共浴場へと、そして各家庭や水くみ場へと水を運んでいた。人々の生活と命を守る水を送り届けていたのだ。

第5章　学術・技術の担い手

スプリウス・カルウィリウス・ルガ

――"G"を発明した小学校の先生〔前三世紀後半〕

スプリウス・カルウィリウス・ルガはギリシア人の奴隷だった。主人はスプリウス・カルウィリウス・マクシムス・ルガだ。このマクシムスは執政官（前二三四・前二二八年）を二度務めた政治家だった。ルガはマクシムスの家で働いていたが、解放されたあとに小学校を設立した。

小学校教育は七歳頃から始まった。もともと裕福な家では家庭教師が初等教育を担っていたが、紀元前二三一年にルガは記録されている最古の私立小学校を開き、学校の先生になった[1]。このような小学校では複数の子どもが集団で教育を受けた。「話すこと、読むこと、書くこと、数えること」が教育の中心であり、少年も少女も通うことができた。一世紀の修辞学者クインティリアヌスは家庭教師による個人授業と学校教育を比較して、学校における集団教育の効果と重要性を説いている（『弁論家の教育』第一巻二）。子どもたちが集団のなかで学ぶことは、読み書きの習得以上に意義がある。ルガはローマに学びの場を作り出した人物だ。

ルガは子どもの教育をおこなうなかで、ラテン文字の不具合を感じるようになる。ラテン語には「ク」と「グ」の両方の音がある。しかし、「グ」の音を表す文字がなかったために、どちらもCで表した。つまり、Cは「カキクケコ」の音を示すとともに、「ガギグゲゴ」の音にも使われていた。Caesarの文字では「カエサル」と「ガエサル」の区別がつかなかったし、「ルガ」と「ルカ」の綴りは同じだった。そこでルガは「グ」の音を表すためにGの文字を発明した（プルタルコス『モラリア』277D）。

Gの登場にいたるまで、アルファベットには長い歴史がある。文字の誕生には複雑な変遷があるが[2]、大まかには以下のようになる。もともとセム語系のフェニキア人が用いていた文字を、ギリシア人が改良して新しい文字を作った。「アルファベット」という呼び名もギリシア文字の最初の二文字α（アルファ）とβ（ベータ）に由来する。そのギリシア語の順番は「ABCDE(F)ZH…」だ（Fはしだいに使われなくなった）。さらにエトルリア人がギリシア文字を改変してエトルリア文字を作った。

フェニキア文字　前850－前750年頃、カリアリ国立考古学博物館*

そのため、エトルリア語の文字の順番も「ABCDEFZH…」となる（ギリシア語・エトルリア語はラテン文字に転写）。

ローマ人はエトルリアから文字を受け継いだ。しかし、ラテン語とエトルリア語の体系は異なり、

エトルリア文字　前3世紀、ヴァチカン美術館*

発音も違う。たとえばエトルリア語には「グ」の音がないが、ラテン語にはあった。またエトルリア語ではZの音を用いたが、ラテン語にはなかった。結果として、ラテン語の文字の順番は「ABCDEFH…」とされた。ギリシア語やエトルリア語の場合、FのあとにZが置かれていたが、ラテン語には必要ないため削除され、FのあとにすぐHとなる。そして「ク」と「グ」の音はともにCで記された。

ルガは、まだ言葉に不慣れな子どもを教えるには「グ」の音を表す別の文字が必要だと考え、Gを作り出してCと区別した。では、この新しい文字をアルファベットのどこに入れればよいだろうか。ラテン語には不要で、削除されていたZの場所、Fの後ろにGを入れることにした。こうして、「EFGH」という順番が作り出された。

ところで、ラテン語にはZがなかったが、ローマが地中海全域に拡大するなかでふたたびZが必要となる。東地中海地域の共通語だったギリシア語が外来語として大量に流入したからだ。ギリシア語由来の単語にはZの音が含まれていたので、一世紀頃にはZの文字も一般的に使われるようになる。Zをアルファベットに加えようとしたとき、Fの後ろにはすでにGが入りこんでいた。そこで、Zをアルファベットの最後に置いた。こうして、Aから始まりZで終わる順番が確立したのだ[3]。

小学校教員の収入は低かったようだ。有名な抒情詩人ホラティウスの故郷ウェヌシア（現ヴェノーサ）の小学校では立派な生まれの子どもたちが毎月八アス（約六四〇円）の授業料を支払っていたという（『談話集』第一巻六）。ローマから遠い南イタリアの小さな町の値段なので、ローマのような大都市では月謝はもう少し高かったと思われるが、それにしてもかなり安かった。

ルガの収入もあまり高かったとはいえないだろう。それでもルガは小学校という新たな教育の場をつくり、初等教育システムの礎を築いた。Ｇの発明は彼の教育への情熱を表している。Ｇの誕生はアルファベットの歴史を塗り替えた。それほど大きな偉業だが、「ク」と「グ」を言い間違える子どもたちのために作り出されたと思うとほほえましい。

マルクス・アントニウス・グニポ――カエサルの家庭教師〔前一世紀〕

マルクス・アントニウス・グニポは類いまれなる記憶力をもっていたという。天賦の才のため、文法家として成功をおさめたが、もともとは捨て子だった。

紀元前一一五年頃、グニポはガリア（現在のイタリア北部に相当するガリア・キサルピナ地域だと思われる）[4]で生まれた。幼い頃に捨て子にされ、奴隷として育てられた。しかし、ほどなくして主人によって解放されるとともに、その主人が養父となって、彼に高度な教育を受けさせたという。[5]ガリア出身のグニポであったが、伝記作家スエトニウス（七〇頃～一四〇年頃）によると、教育を受けたのはアレクサンドリア（エジプト）だった（『文法家・修辞家列伝』七）。まだ女王クレオパトラも生まれていない頃だ。当時のアレクサンドリアは巨大な図書館を有し、世界有数の教育・研究の中心地だった。養父はグニポの才能を生かすために、わざわざその地を選んだのかもしれない。グニポは、ラテン語にもギリシア語にもたけていたという。

成人したグニポはローマへと赴き、カエサルの家庭教師となる。文法家（グランマティクス）は一二歳から一五歳頃の中等教育を担っていた。カエサルは前一〇〇年の生まれであるから、おそらく前八〇年代中葉のことだ。カエサルの家に雇われるくらいなので、このときにはすでに家庭教師として十分なキャリアと名声を得ていたのだろう。

教師は自営業だった。報酬は安く、人気のある教師でなければ貧しい生活をしていた。しかも、月謝を踏み倒されるようなこともあった（オウィディウス『祭暦』第三巻）。しかしグニポの場合には、月謝を要求するまでもなく、気前よく支払われていた。それはグニポの教師としての能力のみならず、おおらかで人当たりのよい人格のためだったという。ローマの教師は厳しく、生徒には嫌われる存在の代名詞だったので、グニポの人気は特殊だったといえるかもしれない。

グニポははじめカエサルの家で教えていたが、のちに自宅で学校を開くようになった。そこには優秀な学生が集まった。有名な文法家となる生徒も育てている。また文法に加えて高等教育に位置づけられる修辞学も教えていたために、キケロも学びに来たという。キケロはローマを代表する政治家のひとりであり、有名な弁論家でもあったが、グニポに師事したのはすでに四〇歳の頃だった。ちょうどプラエトル（法務官）という高い公職に就任していたとき（前六六年）だったので、グニポも驚いたのではないだろうか。

グニポのように、奴隷や解放奴隷が教師になることは一般的だった。文法の授業では、ラテン語のみならず、ギリシア語も学んだ。そのため、とりわけギリシア語圏出身の者たちにはローマでギリシア語の教師になる道が開かれていた。裕福なローマ人はギリシア語が堪能な奴隷をわざわざ手に入れて、子どもの家庭教師にすることもあった。解放後には、彼らは専門的な教師になることができた。

修辞学者クインティリアヌスは初等教育においてラテン語と等しく（場合によってはラテン語

よりも先に）、外国語としてのギリシア語を学習すべきだと説いている（『弁論家の教育』第一巻一・一二〜一三）。文化や学術分野において、ギリシアはローマに先行してすぐれていた。知の伝統を享受するためにはギリシア語が必須だ。また現実的に東地中海やアジアで商業や政治活動をおこなうときには、共通語であったギリシア語の知識は欠かせなかった。ローマ人はギリシア語の教師を必要としていたのだ。

また文法の授業では、現代のように語学を習得するのみならず、文学（詩）の習熟を重視した。ローマの文学（ラテン文学）は前一世紀に円熟期を迎えるが、その発展の前提となるホメロスをはじめとするギリシア文学の知識は教師にとって重要だった。アレクサンドリアで学んだグニポの知識はおおいに役立っただろう。

グニポは五〇歳で亡くなった。『ラテン語について』という本をはじめ、いくつかの著作を残したと伝えられているが、現存するものはない。グニポに学んだキケロやカエサルはラテン語散文の名手といわれる。彼らの文章はのちの教科書に使われ、ラテン語の見本として現在まで認められている。その背景には、グニポによる教育の影響があった。

グニポは捨て子であり、奴隷でありながら、自らの高い能力で教師として成功をおさめた。そこには並々ならぬ努力もあっただろう。しかしそれだけではない。捨て子の奴隷を我が子のように大切に育てた養父の愛があった。解放奴隷のもとへ学びに行くキケロの謙虚な姿勢があった。カエサルのような裕福な子どもたちを教えながらも、グニポ先生はおおらかさと威厳をもって受け止められていた。ここにはぐくまれた絆をなんと呼べばよいだろう。

中心に座る先生のまわりに３人の生徒がいる　２世紀、プーシキン美術館
Photo: Wikipedia /Shakko

ガリアからアレクサンドリア、そしてローマへ。長い旅の末に教師となったグニポの痕跡は、目に見える部分は少ないが、ラテン語散文の形成のなかに、確かに刻まれているはずだ。

スルピキア――女性詩人〔前一世紀後半〕

スルピキアはセルウィウス・スルピキウス・ルフスと妻ウァレリア・メッサッラの娘として、紀元前四〇年頃に生まれた。父方も母方も有力な家系で、政治的に強い影響力を有していた。父と同名の祖父ルフスはキケロとともに弁論術を学んだ政治家で、前五一年には執政官を務め、カエサルのもとで属州アカイア（ギリシア）の総督に任命されている（前四三年没）。政治色の強い家に生まれながら、スルピキアは文才あふれる女性に育った。職業的な詩人ではなかったと思われるが、エレゲイアという韻律でうたわれた恋愛詩が数編刊行され、現存している。

そんな彼女の才能をもっとも喜んだのは母方の叔父、マルクス・ウァレリウス・メッサッラ・コルウィヌス（前六四～後八年）だろう（↓一六九ページ）。メッサッラは政治家・軍人であり、執政官も務めた（前三一年）が、文学サークルのパトロンとしても有名だった。文学への理解と寛容さは、若い頃に抒情詩人ホラティウスとともにアテナイに留学した経験が影響しているかもしれない。自らも詩を創作したが現存していない。メッサッラは当時を代表する詩人ティブッルスやオウィディウスを庇護しており、その文学活動のなかで姪であるスルピキアも文才を磨いた。現存するスルピキアの六編の詩はティブッルスの詩集のなかに、サークルの詩人仲間たちの作品とともにおさめられている。

詩人たちはパトロンの支援のもとで創作活動をおこなうことも多かった。初代皇帝アウグストゥスの側近マエケナスはもっとも有名なパトロンだ。彼はホラティウスやウェルギリウスなどの詩人を庇護し、ラテン文学の黄金時代を陰で支えていた。彼の名は文化・芸術活動の支援を表す「メセナ」の語源にもなっている。

スルピキアの叔父メッサッラは、アウグストゥスからは政治的に少し距離を置いたパトロンで、ティブッルスなどの恋愛詩人たちを多く庇護していた。スルピキアも恋愛詩を記している。ローマの文学はギリシアから形式を受け継いで誕生したが、恋愛エレゲイア詩はローマで確立し、発展した文学ジャンルだ。詩人が自らの恋を主体的に歌うところに特徴がある。恋はローマの風土と文化にあったテーマだったのかもしれない。

スルピキアの詩はケリントゥスとの恋をうたったものだ。恋のはじまりから結びつき、そしてけんかをする様子まで、繊細な少女の心情が描かれている。ときに人生が思い通りにならないことに憤り、ときにささやかな喜びを見つける。ほろ苦い恋がたくみに描かれるが、それが実際に起きた出来事か、あるいは恋人ケリントゥスが実在したかはわからない。恋愛詩では主体的な心情がうたわれるが、それはあくまでも架空の設定のなかでくり広げられる。スルピキアが詩に描かれるような初心《うぶ》な少女であったかは定かではない。だがその技巧からわかるのは、詩を編み出す学識を有する人物像だ。彼女は叔父のえこひいきではなく、文学サークルのなかで確固とした地位を築き、有名なギリシア女性詩人サッポーと比較されるほどに、賢明な女性だった[6]（マルテ

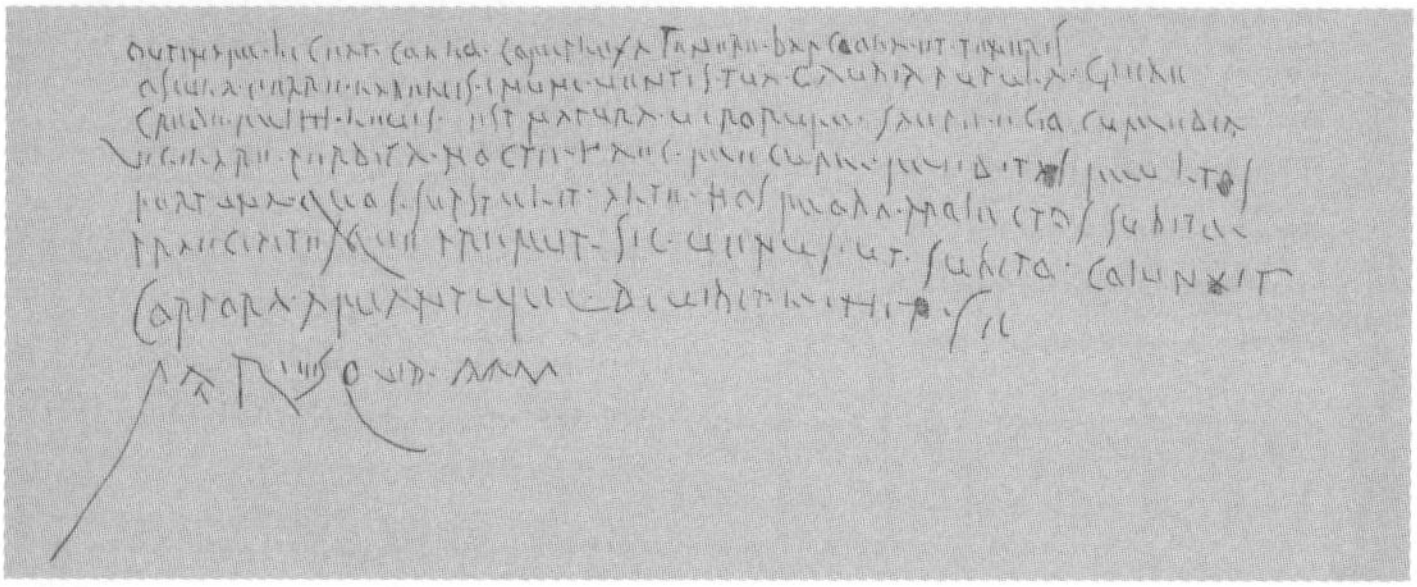

（上段左から）竪琴を奏でる女性が描かれたフレスコ画　1 世紀、ナポリ国立考古学博物館*／「サッポー」と呼ばれる肖像画　50 年頃、ナポリ国立考古学博物館*　（中段）女性が記したと思われる恋愛詩の落書き　*CIL* IV 5296　（下段）オクタウィア・アルブスクラの墓碑に刻まれた嘆きの詩　1 世紀前半、ディオクレティアヌス浴場*

ィアリス『エピグランマタ』第一〇巻三五）。

スルピキアはまとまった形で詩を残したほとんど唯一のローマ人女性だ。特別な存在だったことは間違いないだろう。しかし、ほかにも女性作家がいた記録があるために、彼女が唯一の女性詩人というわけではなかった。貧しい家であっても女子が初等教育を受けることは比較的容易で、基本的な読み書きを学ぶ機会を得ていた。裕福な家ならなおさらだ。学習のなかで重要なのは文学作品の朗誦だった。その過程で詩に親しんだ女性も多くいただろう。

ポンペイの壁画からは、竪琴を奏でる女性のフレスコ画や、明らかに女性が記したと思われる恋愛詩の落書きも見つかっている（CIL IV 5296）。ギリシアの女性詩人サッポーを描いたといわれる肖像画もある。金のネットを頭にかぶり、左手に書字板を、右手にはペンを持つ。実際には高貴な女性を描いたものであると考えられるが、サッポーと思いたくなるような知性を感じる。詩を織りなす女性に憧れを抱く人もいたのかもしれない。またトゥッキア・ウルバナという女性は、二三歳で亡くなった娘オクタウィア・アルブスクラの墓碑に、嘆きの詩を刻んでいる（CIL VI 7872）。プロの詩人が書くような正確で学識に富む詩ではないにしても、ひとりの母の思いは十分に伝わる内容だ。

詩は新たな感情を呼び起こし、明日への希望を与え、傷ついた心を癒やす。古代ローマにおいても詩は文化の中枢にあった。スルピキアの詩も誰かの心に届いただろう。

マルクス・トゥリウス・ティロ——速記者〔前一世紀〕

マルクス・トゥリウス・ティロはキケロ家に仕える使用人の子で、アルピヌム（現アルピーノ）に生まれた。もともと奴隷であったが、紀元前五三年にマルクス・トゥリウス・キケロによって解放された。奴隷時代から解放されたあとも生涯キケロの秘書を務めた。キケロはローマを代表する政治家のひとりで、弁論、哲学、書簡など多くの著作を残した。ティロは公私にわたりキケロの活動を支えたが、とりわけ速記者として能力を発揮していた（キケロ『縁者・友人宛書簡集』一六・一〇）。独特の速記文字や符号を確立し、口述筆記をおこなった。キケロの演説なども書き記していた。ティロがいたからこそ、ラテン語散文の大家キケロの著作をいまも読むことができるのだ。

富裕層は仕事や政治活動をおこなうために秘書を雇っていた。たとえば、バルビデス・ヘルメスの妻テュケという人物は個人秘書として雇われていた。テュケという名前から、もとはギリシア系の奴隷だったことがわかる（CIL VI 9541）。速記の能力をもたないまでも、秘書は手紙の代筆やビジネス文書を扱ったし、仕事上の助言をする場合もあったので、一定の教養を有している必要がある。ローマの公用語はラテン語であるが、東地中海では長くギリシア語が共通語に使われていた。ギリシア人秘書テュケはラテン語のみならずギリシア語を扱えたであろうから、商売のために重要な役割を担っていただろう。秘書には多くの能力が要求されたのだ。

奴隷の秘書が多かったことを考えると、奴隷にも教育を受ける機会があったことがわかる。とりわけ家内奴隷の場合、子どもを教育して成長したあとに家業の手伝いをさせることがあった。ティロもおそらくキケロ家で幼い頃から教育を受け、将来役に立つ知識を身につけたのだろう。幼少期から筆記の能力がとくに高かったことは疑いの余地がない[7]。秘書は奴隷であることが多かったが、優秀な者は解放奴隷になったあとも引き続き雇われた。ティロのように、キケロの活動全般の補助と筆記作業をおこなっていたような秘書なら、ビジネスパートナーとして重要な存在であるし、秘密を明かすことのできる信頼に足る人物は貴重だ。

速記の能力はローマでは重要な技術だった。軍人であり、博物学者でもあったプリニウスは多くの著作を残したが、執筆活動をおこなうためにつねに速記のできる秘書を同行させていた。プリニウスは現存する『博物誌』三七巻を含めて、全部で一〇二巻の書物を上梓したが、これは口述筆記による成果だ。

筆記のみならず、朗読の役割を担う奴隷もいた。プリニウスは湯船に浸かっているとき以外のすべての時間を読書を中心とする研究にあてたという。日中の公務が終わるとすぐに本を取り出し、朗読係に本を音読させた。ちなみに当時、「本を読む」ことは音読することだった。黙読という習慣はなかったので、図書館でも各自が音読していた。プリニウスは読みあげられた本を聞きながら、つねにメモを取っていたという。パピルス紙の両面に小さな文字で書かれたメモ帳は

インク壺　ナポリ国立考古学博物館*

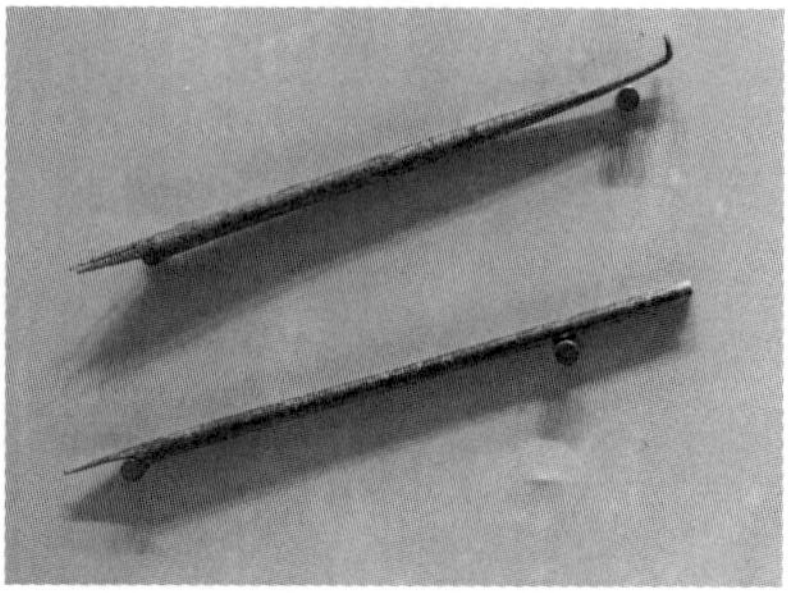
ペン　ナポリ国立考古学博物館*

一六〇巻にもなった（小プリニウス『書簡集』第三巻五）。
プリニウスはそのメモをもとに『博物誌』のような膨大な知識を含む書物を記した。軍人としても、政治家としても多忙だったが、長旅をすることも多かったので、その道中の車内で速記者に口述筆記をさせながら著述をおこなっていた。ティロもキケロの速記者としていつも傍らにいて口述筆記をしていた。車内は相当揺れたはずだから、馬車酔いしなかったのだろうかと心配にもなる。
速記法は古代ギリシアの時代からあったが、まだ体系的に確立していたわけではなかった。ローマ時代になると速記術は大きく発展する。ティロは約四〇〇〇の符号を作り出したという。キケロの速記者はティロ以外にも複数いたので、その速記者グループのなかで知識の共有と体系化が進んだのではないだろうか。その技術は「ティロの速記」として中世を通じて用いられ、修道院などに受け継がれていった。
ティロは身体が弱く、しばしば重い病気にかかったという。病気のためキケロに随行せず静養していたとき、キケロは病状を心配してティロに何度となく手紙を送っている。キケロはティロを秘書という以上に友人として大切にしていた。ティロもまたそうであったろう。

キケロが前四三年に亡くなったあとは、プテオリ（現ポッツオーリ）近郊に住み、キケロの書簡を集めて出版した。彼自身もキケロの生涯を綴る伝記を書いたという。そして九九歳で亡くなった。筆記に専心する人生。一世紀にわたって速記者ティロの手はインクに染まっていた。

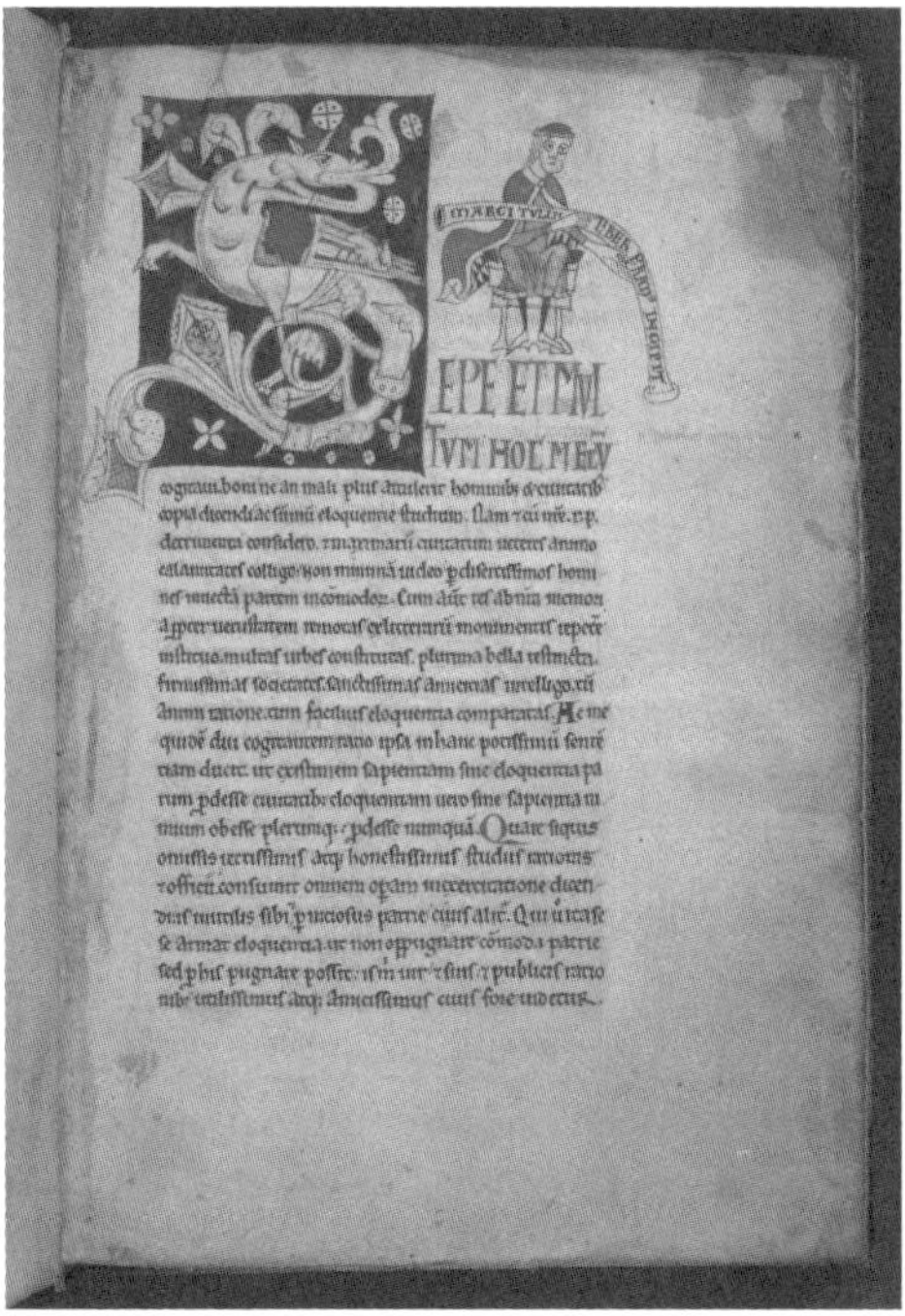

12世紀の写本。右上に巻物を持つキケロの姿が描かれている　大英図書館

ソシウス兄弟——本屋を営む兄弟〔前一世紀後半〕

ソシウス兄弟の本屋は人通りの多いトゥスクス街にあった。ローマ広場（フォルム・ロマヌム）の南側に位置し、カストルとポルクスの神殿とバシリカ・ユリアのあいだを起点として、牛広場（フォルム・ボアリウム）のほうへとつながる道沿いだ。ローマ有数の商店街だった。店の近くには果実の神ウェルトゥムヌスの像が建てられていたという。

棚には本が並び、店頭の列柱には広告も張り出されている。ソシウス兄弟は軽石で表面と縁を丁寧に磨いた新刊を店先に置く。道行く人が本屋に立ち寄り、見本を手に取って、立ち読みしながら好みの本を探す。なかなか売れずに残された冊子には手垢がついている（ホラティウス『書簡詩』第一巻二〇、『談話集』第一巻四）。有名人の本には、最初のページに肖像が描かれていた（マルティアリス『エピグランマタ』第四巻一八六）。人気作家の本はいつの時代も売れ筋だ。書棚に積みあげられた本のなかには希少本もあり、愛書家やコレクターが物色している。レアな本は値段がとても高かったという（ゲッリウス『アッティカの夜』第二巻三）。

現代と変わらない光景のようだが、印刷技術のなかった古代においては、本は人の手によって写され、店に展示された。写本であるから書籍ごとに違いもある。同じ内容でも装丁が豪華なも

ウェルギリウスの肖像画の書かれた5世紀の写本　ヴァチカン図書館

のもあれば、持ち運びしやすい小さな本もあった。また写し手の技量によって間違いが生じたり、筆記の読みやすさも異なっていた。定価はなかったので、出来栄えが値段に反映していた。挿絵の入った本はとくに高額だったという[8]。ソシウス兄弟の本屋はとても繁盛していたというから、内容においても、筆記においても良質な写本を販売していたのだろう。

書店ではラテン語だけでなく、ギリシア語の書籍も扱っていた。兄弟は解放奴隷だと考えられるが、ラテン語やギリシア語に堪能で高い学識を有していたことになる。書籍商人は本を売るだけでなく、出版や編集を請け負うことも多かったからだ。ソシウス兄弟は抒情詩人ホラティウスと親しく、作品を世に出した編集者・出版者でもあった。

文法学者のアテナイのアポロドロスが叙事詩『イリアス』の一四巻に注釈をつけた書籍の断片が、エジプトで発掘された。そこには版元として「ソシウス」の名が記されている。ソシウス兄弟の出版物がイタリアを越えてエジプトなどの地中海各地で売られていたとすると[9]、書籍の流通範囲はとても広かったと考えられる。有名な著者の作品ならば、写本が大量に作られ、ローマの支配地域のなかにすばやく浸透していったのだろう。たとえばオウィディウスの『変身物語』は一世紀初頭に刊行されたが、そのなかに描かれる場面が同時代のポンペイの壁画に多く残されている。

文学作品のなかに出版者の名前が語られることもある。クイントゥス・ポッリウス・ウァレリアヌスは一世紀の詩人マルティアリスの初期の詩集を刊行した編集者として名が残る。彼の後期の作品はセクンドゥスやアトレクトゥスやトリュポンという人物が担当したという。トリュポンは修辞学者クインティリアヌスの本も作っているので、有名な編集者だったのかもしれない[10]。

もっとも有名な人物はティトゥス・ポンポニウス・アッティクスだ（ネポス『英雄伝』「アッティクス」）。古い裕福な家柄に生まれ、学問熱心な父親によって幼少期からさまざまな教育を受けた。キケロの友人で、スッラやカエサル、オクタウィアヌス（のちのアウグストゥス）といった政治の中枢にいた人々からの信頼もあつく、莫大な資産も有していた。政治家としての道もつねに開かれていたが、文芸への情熱が強く、出版業を営んで学術活動の隆盛に寄与した。

ソシウス兄弟の店舗はトゥスクス街に位置していたが、書店は街のあちこちにあった。とくにサンダリアリウス街には書店が集まっていたという。ローマ広場の北東、平和の神殿が建てられていた現在のカヴール通り南端のあたりだ。知識人たちが情報の交換のために訪れることもあるし、ルクッルスのような愛書家が蔵書を増やすために来ることもあっただろう（→九七ページ）。

書籍を持つことがひとつのステータスであったローマにおいては、読まなくても買いあさる金持ちがいた。個人の所有だけでなく、図書館に納入する目的で訪れる司書も、恋人や友人への贈り物として本を選ぶ人もいる。書籍はおしゃれなプレゼントだった。本屋ではさまざまな人が交差していたのだ。

ソシウス兄弟の生涯については文学作品のなかで伝えられるごく限られた情報しかない。しかし彼らが作り、伝えようとした本は、二〇〇〇年後のわたしたちにも確かに届いている。

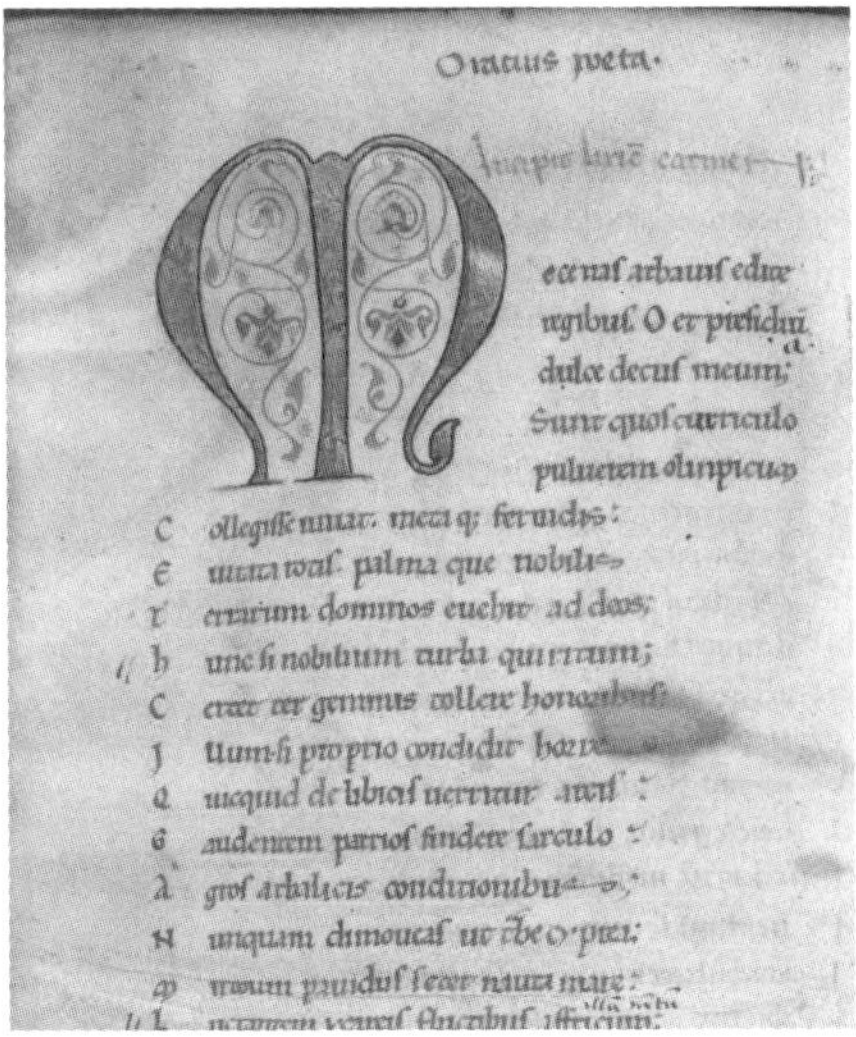

12世紀のホラティウスの写本　大英図書館

コラム　本の種類

ローマ人はさまざまなものに文字を刻んだ。墓碑や碑文のように永遠に記録を残すため石に彫り、ポスターのように壁に文字を描いて宣伝した。賃貸住宅の壁には家賃の支払い表だと思われるメモが残され、日付や取引に関する記録が刻まれることもあった。日常的な筆記には書字板が用いられた。書字板は、五ミリほどの厚さで黒く色づけされた蠟《ろう》が覆っている、木枠に囲まれた板だ。その蠟板に金属のペン（尖筆）で傷つけて文字を記す。蠟を削ればふたたび文字を書くことができるし、新しい蠟を流しこめば再度利用できる。[1] 書字板（タブラ、英：タブレット）に尖筆（ステュルス、英：スタイラス）で文字を書くというスタイルは、現在のタブレットPCの原型だ。

本屋で売られていたような書籍はパピルスや羊皮紙で作られていた。現在と同じような冊子本もあったが、巻物の形式が多かった。パピルスはパピルス草（カミガヤツリ）という植物から作られる紙で、少なくとも紀元前三〇〇〇年頃からは地中海地域で使われていた。巻物を作る場合には、二〇～三〇センチメートル幅のパピルス紙をつなぎあわせて長くし、軸に巻いた。英語のペーパー（紙）の語源にもなっているように、比較的安価で流通量も多かったため広く普及していた。とりわけエジプトで大量に生産され、輸出されていた。パピルスは水に弱く、湿気でカビが生えたり虫に食われやすいので、エジプトのような乾燥した地域と比べてイタリア半島においては長期間の保存にはあまり適していなかった。

一方で、羊皮紙は羊や山羊などの動物の皮から作られていた。強度が高く長期間の保存に適していたが、パピルスに比べて製造工程が多いために高価だった。羊皮紙はラテン語で「ペルガメナ」と呼ばれた。これは前二世紀頃にペルガモンで発明されたと考えられていたからだが、実際には古代のシリア地方やエジプトで前四世紀頃には使用されていた。パピルスは片面にしか書けなかったが、羊皮紙は両面に書くことができた。そのため次第に巻物から冊子の形式に変わっていった。また書き間違えたときにはナイフで削って上書きすればよいので、修正もしやすかった[12]。

古代ローマにおいてはこのようなパピルスや羊皮紙が本として製造され、流通していた。そしてその本は何百年にもわたりくり返し写しなおされて、現在のわたしたちに古代の物語を伝えている。

パン屋の夫婦。書字板と尖筆を持つ妻、パピルスの巻物を持つ夫　ナポリ国立考古学博物館*

カッリステネス——図書館司書〔一世紀初頭〕

カッリステネスはパラティヌスの丘のアポロン神殿に付属する公共図書館で司書をしていた。彼は皇帝ティベリウス（在位一四～三七年）の奴隷だった。兄弟のディオピテスも同様にティベリウスの奴隷として図書館で司書をしていた。母は四八歳で亡くなったユリア・アッカだ（CIL VI 5189）。

紀元前二八年、初代皇帝となるオクタウィアヌス（のちのアウグストゥス）はパラティヌスの丘にある自邸の一部にアポロン神殿を奉献した。神殿はカルタゴ産の黄色い大理石の柱廊に囲まれ、その柱のあいだに五〇人の娘たちのブロンズ像（神話に登場するダナオスの娘たちの像）が建てられていた。神殿には竪琴を持った美しいアポロンの大理石像があったという（プロペルティウス『エレゲイア』第二巻三一）。この神殿に付属して、柱廊からつながる場所に公共図書館がつくられた。図書館は大きく二部に分かれていた。ひとつにはラテン語の書籍を、もうひとつにはギリシア語の書籍を収蔵していた。また有名な著者の肖像が飾られたギャラリーもあったという。図書館司書も一般的にラテン語とギリシア語で専門が分かれていた。カッリステネスとディオピテスはラテン語図書館の司書だった。

トラヤヌスの広場と記念柱*

図書館には私設図書館と公共図書館があった。本書九七ページに登場したルキウス・リキニウス・ルクッルスが自邸につくったのは私設図書館だ。キケロも私設図書館を所有していた。キケロ家の図書館には専門の司書はおらず、家内奴隷がほかの仕事とともに司書を務めて書籍を管理していたようだ[13]。私設図書館は個人のための施設であるが、ルクッルスの図書館のように一部の人々が利用できるものもあった。

公共図書館は皇帝や有力者、あるいは国家によって資金が提供され、理念的には広く一般に公開されて誰でも利用できた。図書館はアポロン神殿のような公共建築に付属していた。皇帝トラヤヌスの図書館（一一二年建造）は公共広場の一角に建てられた。トラヤヌスの記念柱を挟んで左右に、ギリシア語とラテン語に分けて建造されたと考えられてい

英国議会文書館。古代の図書館もこのように巻物が並べられていた　©-JvL-/flickr

る（→二七七ページ）。またトラヤヌス浴場（一〇九年）、カラカラ浴場（二一六年）、ディオクレティアヌス浴場（三〇五年）などの公共浴場にも図書館がつくられた[14]。浴場は複合的なリラックス施設であったから、知的な喜びをもたらす図書館が併設されることはふさわしい。パラティヌスの丘にあるアポロン図書館は貴族の屋敷が立ち並ぶ場所にあるが、民衆であれ奴隷であれ、だれでも楽しむことのできる公共浴場に付属する図書館ならば利用しやすいだろう。四世紀初頭までのあいだに首都ローマには二八館の図書館が造られたという[15]。

図書館の設立や維持には専門の知識が必要だ。キケロがローマ郊外の海沿いの町アンティウム（現アンツィオ）にある別邸に書庫をつくるとき、ギリシア人の司書テュランニオに設計を依頼した。ラベルをつけて整然と並べられた蔵書にキケロは感嘆したという（キケロ『アッティクス宛書簡集』七九）。

カッリステネスはアポロン図書館の専門司書に任命され、兄弟ともに司書であることから、皇帝ティベリウスの家内奴隷として一緒に高度な教育を受けたのかもしれない。司書は新しく届いた書籍を分類し、目録を作り、適切な棚に収める。もちろん内容を理解しなくてはならない。本の修繕もおこなっただろう。[16] 書籍は貴重品だから、見張り役も担っていたかもしれない。

図書館司書にもおそらく役割分担があった。高位の司書は新刊本や古本の選定、発注など、図書館全体を統括していた。さらに書籍を並べるだけでなく、文献の研究もおこなった。オクタウィアヌスはガイウス・ユリウス・ヒュギヌス（前六四頃～後一七年）をアポロン図書館の館長に任命した。カッリステネスのほうがかなり年下だが、面識はあったかもしれない。このヒュギヌスはスペインあるいはアレクサンドリアに生まれ、ローマでオクタウィアヌスに解放された奴隷だが、学者でもあり多くの著書を残したと伝えられる。図書館は研究機関でもあったから、高位の司書には高度な専門知識が求められた。

アポロン神殿の美しい柱廊のあいだを、人々は思案しながら、あるいは議論しながら歩いていた。ギリシアに由来する哲学議論の場面が喚起される情景だ。そして思い悩むときには、手がかりを得るために付属図書館で資料を探す。司書は知へと導く案内人だ。カッリステネスもまた資料を求めやってくる人々の助けとなっていた。司書たちが管理していたからこそ、図書館は知を守り、そして開放する場所になった。公立図書館はだれでもアクセスできる知の拠点なのだ。

サッルスティア・アテナイス――助産師〔一世紀前半〕

サッルスティア・アテナイスは解放奴隷の女性で助産師だった。夫はクイントゥス・サッルスティウス・ディオガエで、同じように解放奴隷であるが職業はわからない（CIL VI 8192）。ふたりの名を記した墓碑にはサッルスティアの職業しか載せられていないことからも、助産師であることが彼女のアイデンティティのひとつだったことがわかる。

女性が産気づいたときには、助産師とほかの女性たちが付き添う。妊婦は長椅子や特製の椅子に座って子どもを産むことになる。出産に際しては、お産の女神ルキナやユノ、そしてカルメンティスなどの神々に祈りを捧げ、安産を祈願した。とりわけカルメンティスは助産師の守護女神だから重要であったろう（↓四一ページ）。助産師は生まれてきた赤ん坊を抱きかかえ、男の子か女の子かを宣言するとともに、健康状態を調べる。残念ながらこのときすぐに命を落としてしまう子も少なからずいた。それから、へその緒を切って、産湯につけて身体をきれいにする。清潔で柔らかなウールのおくるみを丁寧に巻いて、ベッドに寝かせる。蚊帳《かや》をかけることもあったという（ソラノス『産婦人科学』七九以下）。

出産したあとには、神々に感謝を示さなければならない。母子ともに無事であったこと、生ま

出産に立ち会う助産師のレリーフ　©Ancient Roman relief carving of a midwife attending a woman giving birth. Wellcome Collection. Attribution 4.0 International (CC BY 4.0)

れた子どもの成長を願って、奉納品を神殿に持っていく。エトルリアからの伝統で子宮の形をしたテラコッタを納めることもあった。男の子にはブッラと呼ばれる御守のペンダントが与えられた。女の子にはブッラあるいはルヌラと呼ばれる三日月形のネックレスが首にかけられたと伝えられる[17]。革製が一般的だったが、裕福な家では金のブッラを作ることもあった。男子なら成人のときまで、女子なら婚礼のときまで御守を身につけて、最後にはラリウムに置く（→一二二ページ）。名前は、女子が出産後八日目に、男子が九日目に付けられた。また誕生後三〇日以内に出生証明書の発行手続きをおこなうように定められていた[18]。

当然ながら出産は危険を伴い、難産のこともある。母親の出産時死亡率も幼児の死亡率も高かったことから（→一八四ページ）、

（上）ブッラを下げた少年［左］とルヌラを下げた少女［右］のレリーフ　アラ・パキス＊　（下）子宮型の奉納品　前2世紀頃、ディオクレティアヌス浴場＊

助産師には婦人科の医師としての技術が要求された。母体と胎児の状態を確認しながら、難産の場合には薬を使ったり外科手術をおこなうこともあった。二世紀初頭の医師ソラノスは『産婦人科学』という書物を残している。全四巻のうち、一、二巻は一般的な分娩に際しての手順や注意事項が記される。三、四巻は難産の場合の治療方法が示される。そこには月経不順や過呼吸などの改善方法、難産や子宮脱出などに対処する薬剤の処方、手術による治療法が説明されている。『産婦人科学』は妊娠期間・出産・乳児の保育について専門的な知識を提示しているが、この産婦人科医療を実践するのは、助産師だと考えられている[19]。助産師は妊婦の健康状態のチェックや体調管理をおこない、実際の出産に立ち会い、その後の育児方法や産褥《さんじょく》期のケアまで指導した。高度な専門知識を必要としたのだ。

ソラノスは助産師にふさわしい女性とは、専門的な読み書きができて賢く、すぐれた記憶力を有し、健康で体力があり、信頼を得られるような立派な人物で、仕事を愛する者だとしている。さらには、爪を短く切りそろえ、軟膏を使って手の柔らかさを保っていることなど、細かい特質も加えている（『産婦人科学』一二）。

たくさんの女性が専門知識を身につけて働いていた。とりわけ、出産や育児にまつわる仕事は女性が中心だった。たとえば、乳母は赤ん坊を育てるところから、六、七歳までのあいだ子どもの養育と教育を担う。単に世話をするだけではなく、知的な発育を促す教育者としての側面をもっている。少年期になると、パエダゴガが子守をすることになる。「パエダゴガ」は「教育者」を表す言葉であり、一三歳くらいまでの家庭教師の役割もになっていた[20]。文学作品のなかでは、

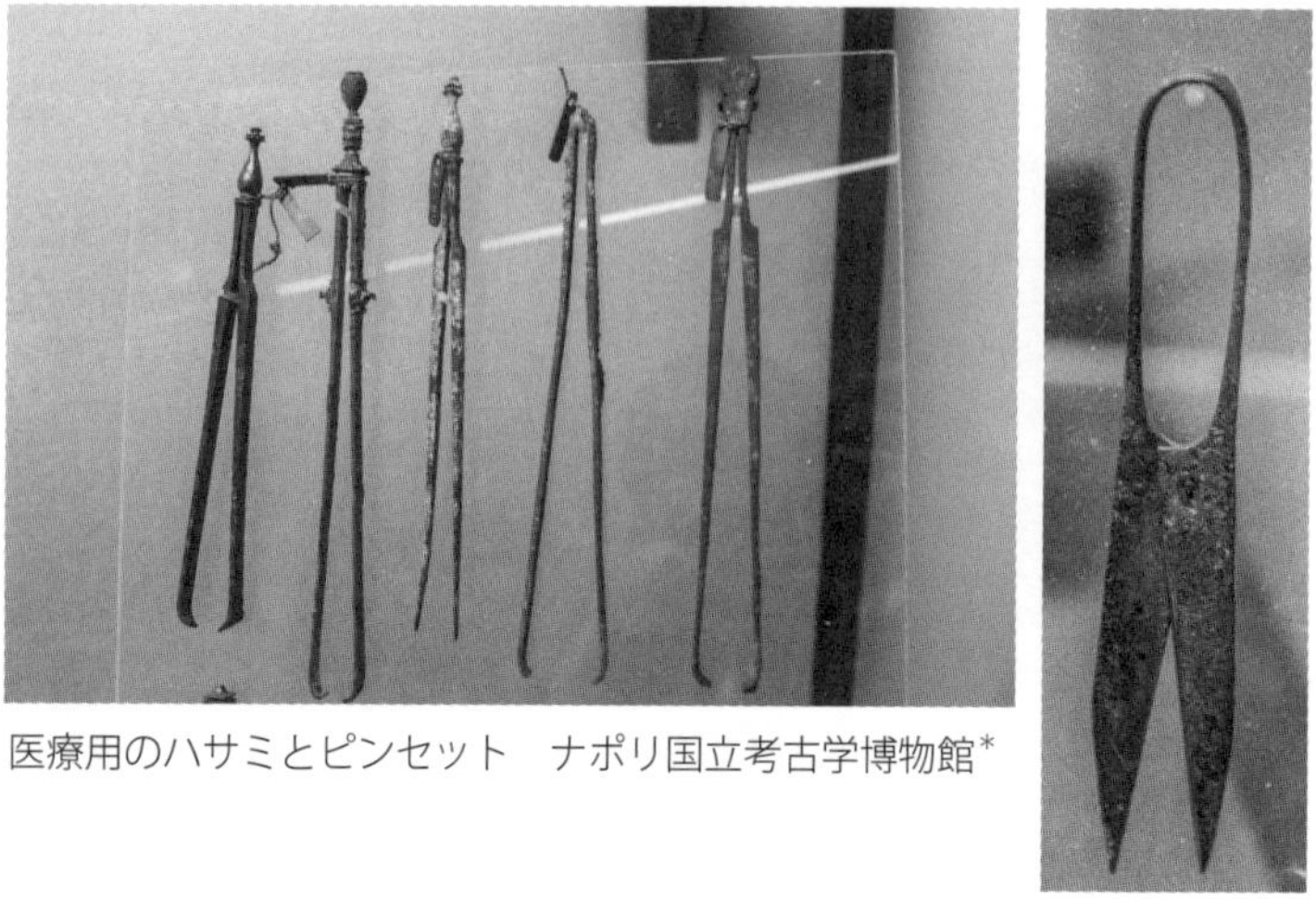

医療用のハサミとピンセット　ナポリ国立考古学博物館*

しばしば乳母や子守は成長した子と密接な関係を保っている。少女が乳母にのみ秘密を打ち明けるというパターンは多い。また乳母が亡くなったときに、かつて世話をした子が墓碑を捧げ、哀悼の言葉を記す例も残されている。ある程度裕福な家庭に限られるかもしれないが、幼少期にもっとも親密に過ごす相手が乳母や子守ということは少なくなかった。

医師には、現代の医師免許のような資格はなかった。だからすべての助産師が、適切な資質と高度な専門知識を十分に有していたとは考えられない。しかし、助産師であることを自負していたサツルスティアは、きっと熱心に仕事を愛し、新しい命の誕生を助けることのできる力強い女性であったろう。

ダマスカスのアポロドロス——ローマを形作った建築家〔二世紀初頭〕

アポロドロスは一世紀後半にアラビア半島のシリア属州ダマスカスで生まれた。若い頃には従軍して、軍用の装置を造っていた。包囲攻撃兵器についての書物をギリシア語で記している。一〇五〜一〇六年に皇帝トラヤヌス（在位九八〜一一七年）がダキア（現ルーマニア地方）に対してしかけた第二次ダキア戦争に随行し、ドナウ川にかかる橋を設計・建造したことでローマの勝利に貢献した。

「トラヤヌス橋」と呼ばれるこの橋は、現セルビアの都市クラドヴォ近郊からドナウ川対岸の現ルーマニアの都市ドロベタ゠トゥルヌ・セヴェリンへと架けられた。二〇基の橋脚は石造りで上部は木製のアーチ構造を有しており、全長が約一一九〇メートルだったという[21]。これは東京の台場地区と芝浦地区を結ぶレインボーブリッジ（七九八メートル）よりも長い。ダキア戦争の勝利を記念し、さまざまな場面を克明に描いているトラヤヌスの記念柱には、この橋の落成を祝い御《お》神酒《みき》をパテラ（祭儀用の丸い平皿）で捧げる皇帝トラヤヌスの姿がある。トラヤヌスの左肩後部にいる髭をたくわえた男性が、アポロドロスだと考えられている。

アポロドロスはダキア戦争での功績が認められ、トラヤヌスのおかかえ建築家としてローマの公共施設建設を任された。先述の記念柱もアポロドロスが建造したものだ。オッピウスの丘には、複合的な施設である公共浴場を設計した（一〇九年頃）。広場やバシリカ、巨大な市場も建設した（一一二年頃）。これらはダキア戦争の勝利で得た巨額の戦利品を利用して建てられたという。「トラヤヌスの広場」はカピトリヌスの丘とクィリナリスの丘の鞍部《あんぶ》に位置する。そこに平坦な土地をつくるため、丘を削り、三〇万立方メートルを超える土砂を取り払った。[22] 次ページの図に表されるようにバシリカをあわせた広場全体は、長さ約三一〇メートル、幅約一八五メートルで、[23] 歴代の皇帝が造った広場のなかでもとりわけ巨大だった。天井をもたない開放的な広場の北西側にはバシリカが（図の左側）、その奥に図書館と記念柱が建てられた。広場の南東側（図の右側）にはアウグストゥスが建設した広場があり、そこにつながるよう設計されているが、具体的な構造は明確になっていない。

バシリカとは長方形を基本として、天井と列柱廊をもつ建物だ。裁判のような公的な行事においても、また商取引などの私的活動にも使われた。室内型の公共広場を意図した建築だった。「トラヤヌスのバシリカ（バシリカ・ウルピア）」は、北東と南西の側面にエクセドラ（あるいはアプシス）と呼ばれる半円形の構造をもつ。長方形から突き出したこの半円形部分には、半円の丸天井が架けられていた。のちにローマの建築ではエクセドラや丸天井のようなアーチが多用されることになるが、このアーチ構造やドームを用いた建築をアポロドロスは得意としていた。

野外の広場（図の中央）は列柱廊に囲まれ、半円形のエクセドラも造られた。この広場の北東側（図の上側）に隣接して建てられたのが「トラヤヌスの市場」だ。この建物でもアーチ構造が

トラヤヌスの記念柱。橋の落成を祝うトラヤヌス帝（パテラを捧げている、中央やや右の人物）の左肩後部の髭の人物がアポロドロスだといわれる*

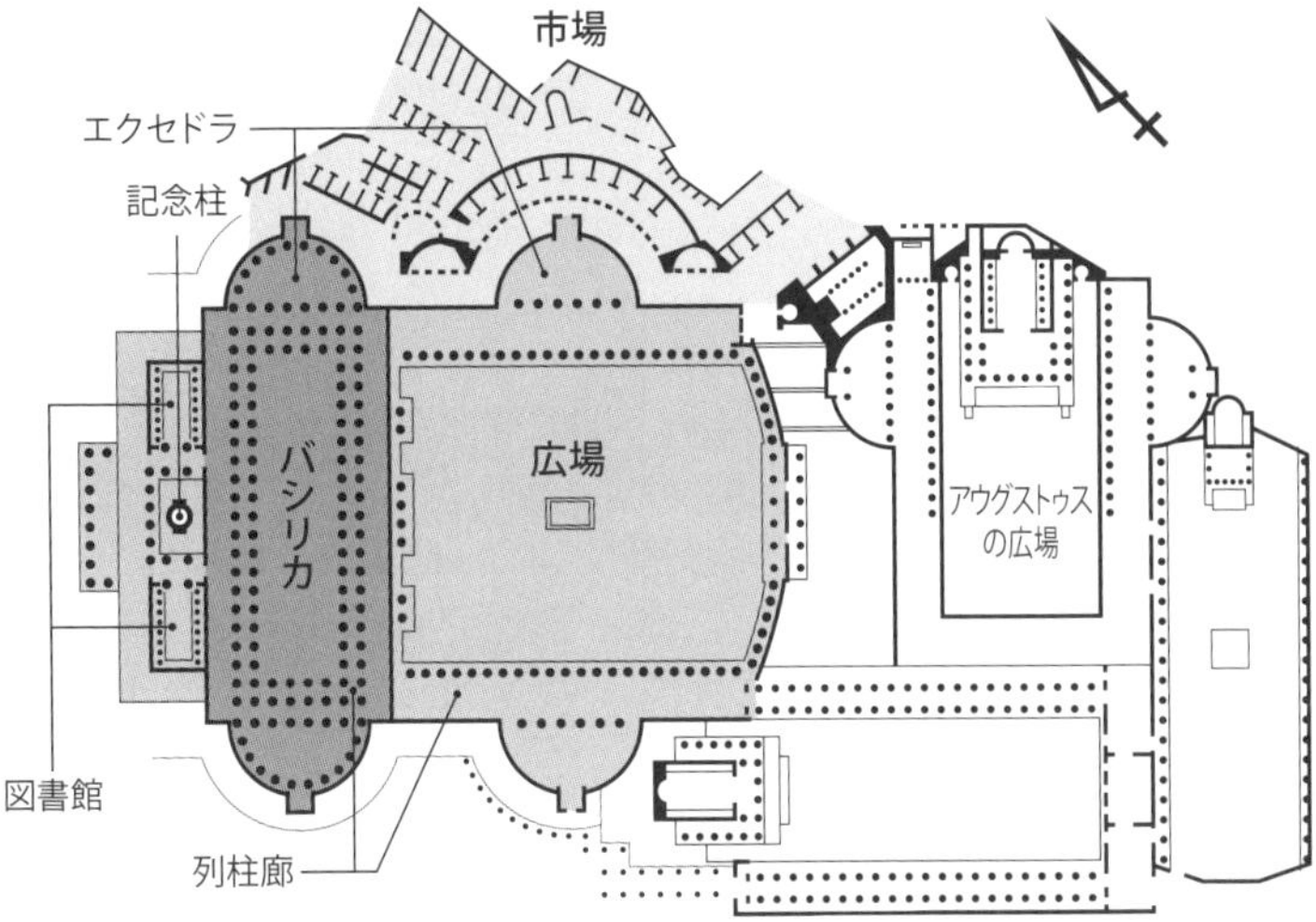

トラヤヌスの広場の平面図

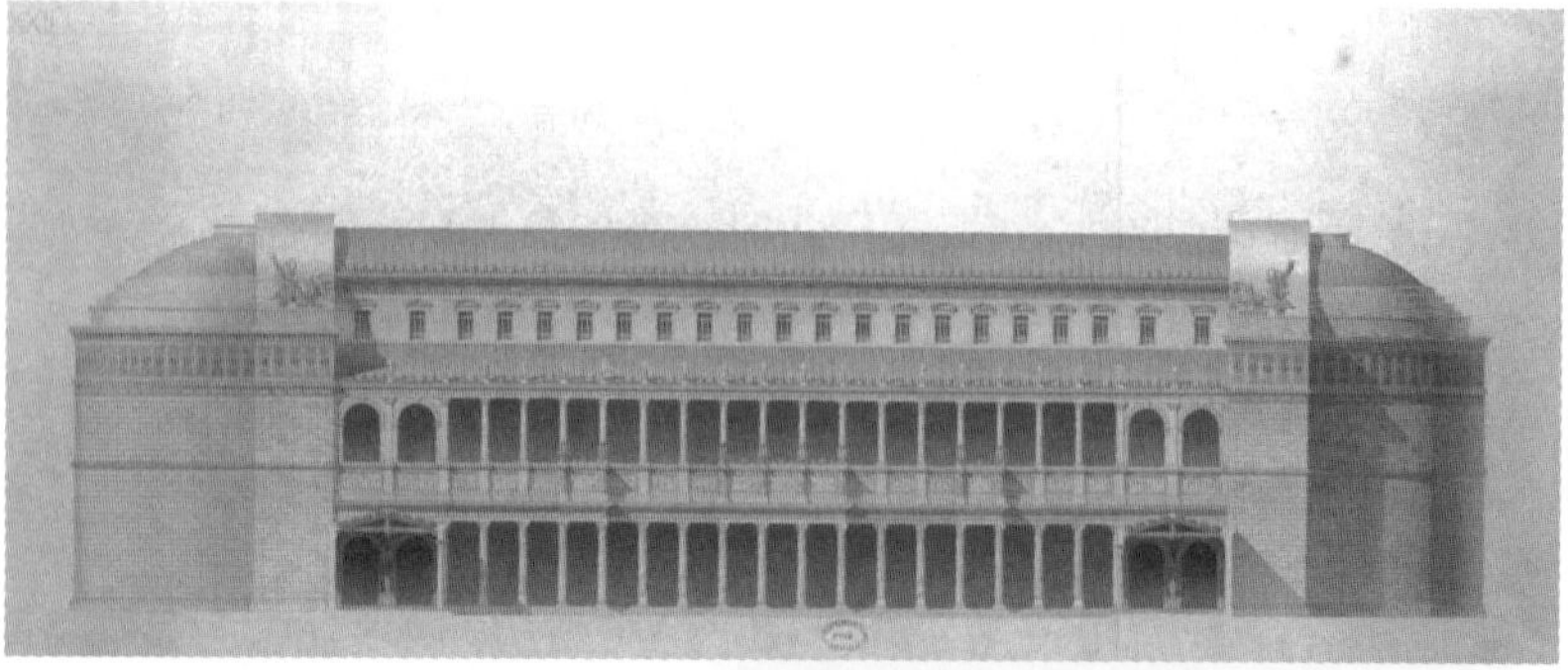

（上段）バシリカの復元図　長方形の建物の左右にエクセドラがある　1867 年、ジュリアン・ガデ　（中段上・下）アーチ構造が特徴の巨大なトラヤヌスの市場。広場のエクセドラと対面する中央部分が半円形になっている*　（下段左から）パンテオン*／パンテオンのドーム型の天井。オルクス（穴）から日が差しこんでいる*

目を引く。中世からルネサンス期にいたるまで利用され、改築をくり返してきたので、建物の原形がどのような姿だったか明確にはわからない。しかし、現在でも一七〇部屋を確認することができるほど巨大だった[24]。

　アポロドロスが建築した、あるいは設計にかかわったと考えられている神殿のひとつが、パンテオンだ。大きなドーム構造を有する神殿で、ハドリアヌス帝の時期に再建された（↓二一九ページ）。直径四三・三メートルの球体がちょうど納まるような構造をもつ。ドーム型の天井の中心にはオルクス（目）と呼ばれる丸い穴が開いており、穏やかに光や雨が差しこむ。

　アポロドロスの死については、歴史家カッシウス・ディオが逸話を紹介している（『ローマ史』六九）。あるときアポロドロスが設計をしていたところ、若きハドリアヌスが口をはさみにやってきた。そこでアポロドロスは「よそへ行ってひょうたんでも描いていればいい。何も知らないのだから」と言って追い返した。さらには、のちにハドリアヌスが建設した女神ウェヌスとローマ神殿を酷評した。こうしてアポロドロスは皇帝ハドリアヌスの逆鱗に触れ、ついには自殺に追いこまれてしまったという。

　アポロドロスはいびつな「ひょうたん」ではなく、美しい丸天井を生み出した。曲線を愛した技術者がローマの都市の情景を造ったのだ。

マルガリタ——愛された小さな犬〔一〜二世紀〕

彼女はガリア（現フランス）で生まれた。そこからはるかに遠いローマに連れてこられた。そして出会ったのが、生涯をともに暮らすことになる裕福な夫婦だ。はるばるガリアからやってきた美しい彼女のことを、夫婦はマルガリタと名付けた。愛らしく真っ白な毛並み、まるまって眠る姿はまさに真珠（マルガリタ）のようだったろう。夫婦は彼女を愛し、彼女も夫婦を愛した。マルガリタは深く愛された小さな犬だ（CIL VI 29896）。

人間にとって、犬は長い歴史をもつ仲間だ。狩猟犬、牧羊犬、番犬。さまざまな犬が社会的な役割を担っていた。狩猟のモザイクには複数の猟犬が描かれている。住宅の玄関を「番犬注意」と書かれたモザイクが彩る。強面の番犬が首輪をつけて鎖につながれたモザイクもある。たいていこういう家には小型のかわいらしい犬がいるものだが、番犬がいるだけで泥棒に入られる可能性が低くなるというから貴重な存在だ。

神話のなかにも忠犬が描かれる。トロイア戦争に一〇年間従軍し、さらに一〇年間漂流して帰郷したオデュッセウスを最初に認めたのが愛犬アルゴスだった（ホメロス『オデュッセイア』第一七巻）。アルゴスは子犬の頃に別れた主人の姿を見ると、すでに年老いて駆け寄ることもできなかったが、尾を振って喜びを示し、耳を垂れた。その姿に英雄オデュッセウスが涙する。老犬との再会に心を打たれる場面だ。

アルゴスは猟犬だった。古代においてもすでに犬種や血統が分けられていた。『変身物語』の

猟犬が描かれた狩猟風景のモザイク　４世紀初頭、モンテマルティーニ美術館*

（中段）ポンペイに残る「番犬注意」と書かれたモザイク*
（下段）ポンペイの強面の番犬のモザイク*

なかには、たくさんの猟犬を連れるアクタイオンの神話が語られる。三六匹の猟犬には個別の名前や犬種が記されている（オウィディウス『変身物語』第三巻）。猟犬や牧羊犬のように実用的な犬のみならず、ペットとして飼われる愛玩犬にもたくさんの種類があった。たとえばマルタ島原産のマルチーズは古代ギリシアの時代からペットとして人気があった。血統を維持し、繁殖して育てる技術が確立していたのだ。

マルガリタも愛玩犬の一種だ。彼女は飼い主の膝に乗るのが好きだったし、飼い主もまた膝に乗せるのが好きだった。眠るときにはお気に入りの寝床にまるまっていた。愛玩犬はしばしば室内で飼われたが、マルガリタは狩りの仕方も学び、郊外の林や丘で走りまわるのも好きだった。

犬は人気のあるペットだったが、ほかの動物を家で飼うこともあった。[25] 裕福な家では水槽に魚を飼った。カラス、ナイチンゲール、カササギ、スズメ、ハト、オウムなど、鳥はとくに女性に好まれた。詩人カトゥッルスは、かわいがっていたスズメの死を嘆き悲しむ恋人レスビアの姿を詩に描いている（『歌集』三）。そのスズメは少女が母親に甘えるようにレスビアについてまわり、いつも膝の上から離れようとしなかったという。ギリシアの少女の墓碑にもハトを抱きしめる姿が刻まれている。子どもの墓碑にはペットとして飼っていた鳥や犬などをいっしょに描くことが多い。遊び相手でもあり、仲間ともなる動物が家族のなかにいることは、教育的にも意味があることだろう。[26]

猫はあまりペットとみなされてはいなかったようだが、ローマにもたくさんいた。日常風景のなかに猫はいたので、モザイクにもその姿が登場する。実用的な側面からも、穀物を食い荒らす

（上段左から）ハトを抱きしめる少女の墓碑　前450－前440年、メトロポリタン美術館／モザイクに描かれた猫　1－3世紀、ナポリ国立考古学博物館*　（下段左から）犬を引く少年の墓碑　1世紀、メトロポリタン美術館／モザイクに描かれた猫　前1世紀、マッシモ宮殿*

ネズミを駆除するために、猫は必要な存在だった。とくに軍隊や船舶では猫を飼って食料を守っていた。

人間は動物とともに暮らしていた。馬やロバ、牛や羊などの家畜、さらに野生の動物など、さまざまな種が日常のなかにいた。とりわけペットは飼い主と深い絆を結んでいたので、墓が作られることもあった。マルガリタの墓碑には美しい文字で詩が綴られている。冒頭の詩句はローマ最大の詩人ウェルギリウスの墓碑から借用したものだ。ほかにもオウィディウスやプロペルティウスの詩を引用している[27]。マルガリタへの気持ちをていねいに表現しようとする詩句に、飼い主の愛が込められている。

白く美しいちっちゃなマルガリタ。いつもまるまっていた寝床のブランケットにはいまも彼女の面影が残り、膝に感じていたぬくもりは消えることがない。墓碑にはそんな夫婦の思いが刻まれている。

おわりに

ローマの石畳を歩いていると古代の息吹に触れることがある。景色は変わり、車やバイクが勢いよく狭い路地を抜けていくけれど、同じ風が吹き、同じような足音が響いていたと感じる。ときに博物館に置かれた碑文は語りかけてくる。陳列された遺物は暮らしの音を伝える。目をつぶって耳をすませば、闘技場の歓声がはっきりと聞こえてきそうだ。

ローマの人々は、わたしたちと同じように感じていたのだろうか。それとも異なっていたのだろうか。古代を考えるときにこの点を判断するのはとても難しい。もちろん技術やモノは異なっていた。だがそれは一概に現代が古代と比べて進歩した豊かな社会であることを意味してはいない。暮らしのなかの喜びや悲しみ、豊かさや生きがいは技術にゆだねられるものではないから。しかし、安易に同じであったということはできない。二〇〇〇年という長い年月の隔たり、まったく異なる文化や環境の相違は無視できないほど大きい。

それでも、古代の人々を理解しえないまったくの他者だとは思えない。ローマの文学はわたしたちの心を十分に揺さぶるし、遺跡に残された絵を見て、わたしたちもまた美しいと感じている。共感できる糸口は確かにある。そして理解するために、彼らの声を聞きたい。たとえば「はじめに」のユリア・アゲレの墓碑に記された言葉は、ささやかな声ではあるけれど、彼女の生き方をはっきりと伝えている。

いにしえの声に耳を傾けたいとの思いから、本書は始まった。五〇人の痕跡から二〇〇〇年前のローマの暮らしを垣間見ることができるはずだ。しかし、それぞれの人物を確かに明らかにできたとはいいがたいし、ローマの全容を描きつくせたわけでもない。本書は碑文・文学・遺物・美術作品など、さまざまな資料を多角的に扱うことを意識した。だが個々の対象には複数の解釈が提示されており、ひとつひとつを丁寧に書き尽くすことは到底できなかった。わたしなりに聞き取った声を書き記したにすぎない。それでも、五〇人の面影と古代ローマの風景に少しでも彩りを与えられたら幸いだ。

原稿を書きながら学生たちの顔が浮かんできた。さまざまな文化的関心はゼミ生とともに学びながら触発されたものが多いからだ。もう卒業してそれぞれに新しい生活を送っているが、本書を手に取って懐かしいと感じてくれたらうれしい。心より感謝している。

執筆にあたりたいへん多くの方にご支援をいただいた。とりわけ編集部の中越咲子さんには刊行に向けてお声がけいただいたときから、細やかな配慮を賜った。美術史家の金沢百枝さんには貴重な資料を提供していただいた。古代史を専門とする藤井崇さんは大切な助言をくださった。ご協力いただいたほかの方々にも改めて謝意を示したい。

歳を重ねてなお力強く暮らしている母と、ローマを愛した亡き父に本書を贈りたい。

二〇二三年一月　　河島思朗

主要参考文献

古典文献

マルクス・アウレリウス『自省録』水地宗明訳、京都大学学術出版会、2018
ウェルギリウス『アエネーイス』岡道夫・高橋宏幸訳、京都大学学術出版会、2001
オウィディウス『恋の技術／恋の病の治療／女の化粧法』木村健治訳、京都大学学術出版会、2021
——『祭暦』高橋宏幸訳、国文社、1994
——『変身物語 1』高橋宏幸訳、京都大学学術出版会、2019
——『変身物語 2』高橋宏幸訳、京都大学学術出版会、2020
キケロー『キケロー選集 1 〜 16』岡道男他編、岩波書店、1999 〜 2002
クインティリアヌス『弁論家の教育 1』森谷宇一他訳、京都大学学術出版会、2005
アウルス・ゲッリウス『アッティカの夜 1』大西英文訳、京都大学学術出版会、2016
スエトニウス『ローマ皇帝伝　上・下』国原吉之助訳、岩波書店、1986
ストラボン『ギリシア・ローマ世界地誌』飯尾都人訳、龍溪書舎、1994
中山恒夫訳『ローマ恋愛詩人集』国文社、1985
ネポス『英雄伝』山下太郎・上村健二訳、国文社、1995
ヒュギーヌス『ギリシャ神話集』松田治・青山照男訳、講談社、2005
ヒュギヌス『神話伝説集』五之治昌比呂訳、京都大学学術出版会、2021
プリニウス『プリニウスの博物誌 1・2・3』中野定雄・中野里美・中野美代訳、雄山閣、1986
——『プリニウス書簡集』国原吉之助訳、講談社、1999
プルタルコス『英雄伝 1』柳沼重剛訳、京都大学学術出版会、2007
——『英雄伝 4』城江良和訳、京都大学学術出版会、2015
——『モラリア 4』伊藤照夫訳、京都大学学術出版会、2018
ペトロニウス『サテュリコン　古代ローマの諷刺小説』国原吉之助訳、

岩波書店、1991
ホメロス『イリアス　上・下』松平千秋訳、岩波書店、1992
――『オデュッセイア』中務哲郎訳、京都大学学術出版会、2022
ホラーティウス『書簡詩』高橋宏幸訳、講談社、2017
マールティアーリス『マールティアーリスのエピグランマタ』（上）藤井昇訳、慶應義塾大学言語文化研究所、1973
――『マールティアーリスのエピグランマタ』（下）藤井昇訳、慶應義塾大学言語文化研究所、1978
リウィウス『ローマ建国以来の歴史 1』岩谷智訳、京都大学学術出版会、2008

Babbitt, Frank Cole (tr.). 1936. *Plutarch: Moralia, Volume IV*. Harvard University Press.
CIL: *Corpus Inscriptionum Latinarum.*
Heyworth, S. J. 2007. *Sexti Properti Elegos*. Oxford University Press.
Hooper, W. D. (tr.). 1934. *Cato and Varro: On Agriculture*. Harvard University Press.
Ilberg, J. 1927. *Soranus: Gynaeciorum Libri IV, De Signis Fracturarum, De Fasciis, Vita Hippocratis Secundum Soranum*. Teubner.
Maltby, Robert. 2002. *Tibullus : Elegies : Text, Introduction and Commentary*. Francis Cairns.
Mayer, R. 1994. *Horace: Epistles, Book I*. Cambridge University Press.
Mayhoff, Karl. 1998 (1906). *Plinius: Naturalis Historiae: Libri I-VI / VII-XV / XVI-XXII / XXIII-XXX*. K. G. Saur.
Mynors, R. A. B. 1958. *Catulli Carmina*. Oxford University Press.
Rolfe, John C. 1914. *Suetonius Vol. II The Lives of the Caesars, II: Claudius. Nero. Galba, Otho, and Vitellius. Vespasian. Titus, Domitian. Lives of Illustrious Men: Grammarians and Rhetoricians*. Harvard University Press.
Shackleton Bailey, D. R. 1985. *Q. Horati Flacci Opera*. Teubner.
――. 1990. *M. Valerii Martialis Epigrammata*. Teubner.
Temkin, Owsei (tr.). 1956. *Soranus' Gynecology*. Johns Hopkins Press.

参考資料

青柳正規『トリマルキオの饗宴――逸楽と飽食のローマ文化』中央公論社、1997

レスリー・アドキンズ、ロイ・A・アドキンズ『ローマ宗教文化事典』前田耕作監訳、原書房、2019
池口守「ポルトゥスおよびオスティアの倉庫と港湾都市の盛衰」坂口明・豊田浩志編『古代ローマの港町　オスティア・アンティカ研究の最前線』勉誠出版、2017：113-31
今井宏『古代ローマの水道』原書房、1987
ジュゼッピーナ・チェルッリ・イレッリ他編『ポンペイの壁画』青柳正規・篠塚千惠子訳、岩波書店、1991
カール゠ヴィルヘルム・ヴェーバー『古代ローマ生活事典』小竹澄栄訳、みすず書房、2011
河島英昭『ローマ散策』岩波書店、2000
ロバート・クナップ『古代ローマの庶民たち：歴史からこぼれ落ちた人々の生活』西村昌洋監訳、白水社、2015
桑山由文「元首政期ローマ帝国における近衛長官職の確立」『史林』79 (2): 157–91、1996
ローレンス・ケッピー『碑文から見た古代ローマ生活誌』小林雅夫・梶田知志訳、原書房、2006
高津春繁『ギリシア・ローマ神話辞典』岩波書店、1960
坂口明「いわゆる「葬儀組合」について」『西洋古典学研究』50: 67–77、2002
坂口明・豊田浩志編『古代ローマの港町　オスティア・アンティカ研究の最前線』勉誠出版、2017
佐野光宜「葬送活動からみたコレギア――帝政前半期ローマにおける社会的結合関係の一断面」『史林』89 (4): 485–516、2006
島創平「ローマ人の死生観――古代ローマの墓について――」『死生学年報』2: 45–58、2006
島田誠『古代ローマの市民社会』山川出版社、1997
――『コロッセウムからよむローマ帝国』講談社、1999
庄子大亮「古代ギリシア周辺世界における英雄伝説の受容」『史林』85 (2): 125–56、2002
長谷川敬「ガリア・コマタとイタリア：二世紀、内陸ガリア商人・輸送業者の人的交流」『古代地中海世界のダイナミズム』桜井万里子・師尾晶子編、山川出版社、2010：184-206
長谷川岳男『「ローマ史」集中講義』青春出版社、2011
長谷川岳男・樋脇博敏『古代ローマを知る事典』東京堂出版、2004
樋脇博敏「古代ローマの手権をめぐる一試論」『史論』55: 41–69、

2002
パトリック・ファース『古代ローマの食卓』目羅公和訳、東洋書林、2007
ドミニク・ブリケル『エトルリア人――ローマの先住民族　起源・文明・言語』平田隆一監修、斎藤かぐみ訳、白水社、2009
松田治『ローマ神話の発生』社会思想社、1992
松原國師『西洋古典学事典』京都大学学術出版会、2010
本村凌二『古代ポンペイの日常生活』講談社、2010
――『帝国を魅せる剣闘士：血と汗のローマ社会史』山川出版社、2011
八木健治『羊皮紙の世界：薄皮が秘める分厚い歴史と物語』岩波書店、2022
弓削達『ローマはなぜ滅んだか』講談社、1989

Adkins, Lesley and Roy Adkins. 1994. *Handbook to Life in Ancient Rome.* Oxford University Press.
Aldrete, Gregory S. 2007. *Floods of the Tiber in Ancient Rome*. The Johns Hopkins University Press.
Aldrete, Greg S. and David J. Mattingly. 1999. “Feeding the City: The Organization, Operation, and Scale of the Supply System for Rome.” *Life, Death, and Entertainment in the Roman Empire* 193.
Bankston, Zach. 2012. “Administrative Slavery in the Ancient Roman Republic: The Value of Marcus Tullius Tiro in Ciceronian Rhetoric.” *Rhetoric Review* 31(3): 203–18.
Bell, Sinclair W. 2020. “Horse Racing in Imperial Rome: Athletic Competition, Equine Performance, and Urban Spectacle.” *The International Journal of the History of Sport* 37(3–4): 183–232.
Berry, J. 2007. *The Complete Pompeii.* Thames & Hudson.
Bloch, Herbert. 1948. “Indices to the Roman Brick-Stamps Published in Volumes XV 1 of the Corpus Inscriptionum Latinarum and LVI-LVII of the Harvard Studies in Classical Philology.” *Harvard Studies in Classical Philology* 58/59: 1–104.
Bodel, John and Nora Dimitrova. 2015. *Ancient Documents and Their Contexts : First North American Congress of Greek and Latin Epigraphy (2011).* Brill.
Borghini, Gabriele (ed.). 1989. *Marmi Antichi.* De Luca edizioni d'arte.

Bowman, Alan K., Peter Garnsey and Dominic Rathbone. 2000. *The High Empire, A.D. 70-192. 2nd ed. The Cambridge Ancient History, v. 11.* Cambridge University Press.

Bowie, Ewen. 2013. "The Sympotic Tease." In *The Muse at Play: Riddles and Wordplay in Greek and Latin Poetry*, eds. Jan Kwapisz et al. De Gruyter: 33–43.

Boyce, George K. 1942. "Significance of the Serpents on Pompeian House Shrines." *American Journal of Archaeology* 46(1): 13–22.

Bradley, Keith. 1998. "The Sentimental Education of the Roman Child : The Role of Pet-Keeping." *Latomus* 57(3): 523–57.

Bradley, Keith and Paul Cartledge (eds.). 2011. *The Cambridge World History of Slavery: Volume 1, The Ancient Mediterranean World.* Cambridge University Press.

Brown, Robert. 1995. "Livy's Sabine Women and the Ideal of Concordia." *Transactions of the American Philological Association* 125: 291–319.

Brun, Jean-Pierre. 2000. "The Production of Perfumes in Antiquity : The Cases of Delos and Paestum." *American Journal of Archaeology* 104(2): 277–308.

Bruun, Christer and J. C. Edmondson. 2015. *The Oxford Handbook of Roman Epigraphy*. Oxford University Press.

Caldwell, Tanya. 2008. *Virgil Made English : The Decline of Classical Authority*. Palgrave Macmillan.

Carini, Andrea, Paolo Carafa and Andrew Campbell Halavais. 2017. *The Atlas of Ancient Rome : Biography and Portraits of the City*. Princeton University Press.

Carlsen, Jesper. 2011. "Two Female Senatorial Households in Augustan Rome: Domitia Calvina and Her Mother." In *In Memoriam: Commemoration, Communal Memory and Gender Values in the Ancient Graeco-Roman World*, ed. Helene Whittaker: 78–90.

Clarke, John R. 1991. *The Houses of Roman Italy, 100 B.C.-A.D. 250 : Ritual, Space, and Decoration*. University of California Press.

Cleaves, F. W. 1934. "Hxeres." *Classical Philology* 29(1): 68.

Cooley, Alison. E. 2012. *The Cambridge Manual of Latin Epigraphy*. Cambridge University Press.

Cooley, Alison E. and M. G. L. Cooley. 2013. *Pompeii and Herculaneum :*

A Sourcebook. 2nd ed. Routledge Sourcebooks for the Ancient World. Routledge.
Croom, Alexandra. 2002. *Roman Clothing and Fashion*. Tempus.
Di Stefano Manzella, Ivan. 1995. *Index Inscriptionum Musei Vaticani: 1. Ambulacrum Iulianum Sive "Galleria Lapidaria" (Inscriptiones Sanctae Sedis 1)*. Libraria Pontificia.
Dixon, Suzanne. 2001. *Childhood, Class and Kin in the Roman World*. Routledge.
Dix, T. Keith. 1994. "'Public Libraries' in Ancient Rome: Ideology and Reality." *Libraries & Culture* 29(3): 282–96.
Dominik, W. and J. Hall. 2010. *A Companion to Roman Rhetoric. Blackwell Companions to the Ancient World*. Wiley.
Dunbabin, Katherine M. D. 1999. *Mosaics of the Greek and Roman World*. Cambridge University Press.
Edmondson, J. C. and Alison Keith. 2008. *Roman Dress and the Fabrics of Roman Culture*. University of Toronto Press.
Erdkamp, Paul (ed.). 2013. *The Cambridge Companion to Ancient Rome*. Cambridge University Press.
Esposito, Domenico. 2016. "The Economics of Pompeian Painting." In *Economy of Pompeii*, eds. Miko Flohr and Andrew Wilson. Oxford University Press: 263–90.
Evans, John K. 2014. *War, Women and Children in Ancient Rome*. Routledge.
Fantham, Elaine. 1994. *Women in the Classical World : Image and Text*. Oxford University Press.
Flohr, Miko. 2013. *The World of the Fullo : Work, Economy, and Society in Roman Italy. Oxford Studies on the Roman Economy*. Oxford University Press.
Freeman, Philip. 2012. "The Survival of the Etruscan Language." *Etruscan Studies* 6 (1): 75–84.
Frier, Bruce Woodward. 1977. "The Rental Market in Early Imperial Rome." *The Journal of Roman Studies* 67: 27–37.
Friggeri, R, M. G. G. Cecere and G. L. Gregori (eds.). 2012. *Terme Di Diocleziano: La Collezione Epigrafica*. Soprintendenza Archeologica di Roma. Electa.
Frings, Irene. 1998. "Mantua Me Genuit: Vergils Grabepigramm Auf

Stein Und Pergament." *Zeitschrift für Papyrologie und Epigraphik* 123: 89–100.
Futrell, Alison. 2006. *The Roman Games : A Sourcebook*. Blackwell.
Gardner, Jane F. 1986. *Women in Roman Law and Society*. Croom Helm.
Goldman, Norma. 1994. "Roman Footwear." In *The World of Roman Costume*, eds. J. L. Sebesta et al. University of Wisconsin Press: 101-29.
Griffin, Miriam T. 2009. *A Companion to Julius Caesar. Blackwell Companions to the Ancient World*. Wiley-Blackwell.
Grubbs, Judith Evans and Tim G. Parkin (eds.). 2014. *The Oxford Handbook of Childhood and Education in the Classical World*. Oxford University Press.
Gutzwiller, Kathryn and Ömer Çelik. 2012. "New Menander Mosaics from Antioch." *American Journal of Archaeology* 116(4): 573–623.
Hallett, Judith P. 2002. "The Eleven Elegies of the Augustan Poet Sulpicia." In *Women Writing Latin: From Roman Antiquity to Early Modern Europe, Vol. 1*, eds. Laurie J. Churchill, Phyllis R. Brown and J. Elizabeth Jeffrey. Routledge: 45–65.
Hannah, Robert. 2005. *Greek and Roman Calendars : Constructions of Time in the Classical World*. Duckworth.
Harden, D. B. 1935. "Romano-Syrian Glasses with Mould-Blown Inscriptions." *The Journal of Roman Studies* 25: 163–86.
Harris, William V. 1989. *Ancient Literacy*. Harvard University Press.
Hawkins, Cameron. 2016. *Roman Artisans and the Urban Economy*. Cambridge University Press.
Hawley, Richard and Barbara Levick. 1995. *Women in Antiquity : New Assessments*. Routledge.
Helen, Tapio. 1975. *Organization of Roman Brick Production in the First and Second Centuries A.D.* Suomalainen Tiedeakatemia.
Hemelrijk, Emily Ann. 2021. *Women and Society in the Roman World : A Sourcebook of Inscriptions from the Roman West*. Cambridge University Press.
Hemelrijk, Emily Ann and Greg Woolf (eds.). 2013. *Women and the Roman City in the Latin West*. Brill.
Hempl, George. 1899. "The Origin of the Latin Letters G and Z." *Transactions and Proceedings of the American Philological*

Association 30: 24–41.
Hersch, Karen K. 2010. *The Roman Wedding : Ritual and Meaning in Antiquity*. Cambridge University Press.
Hodge, A. Trevor. 2002. *Roman Aqueducts and Water Supply*. 2nd ed. Duckworth.
Holleran, Claire. 2012. *Shopping in Ancient Rome : The Retail Trade in the Late Republic and the Principate*. Oxford University Press.
——. 2013. "Women and Retail in Roman Italy." In *Women and the Roman City in the Latin West*, eds. Emily Ann Hemelrijk and Greg Woolf. Brill: 313–30.
Holleran, Claire and Amanda Claridge (eds.). 2018. *A Companion to the City of Rome*. Wiley Blackwell.
Hopkins, Keith. 1983. *Death and Renewal. Sociological Studies in Roman History*. Cambridge.
Horsfall, Nicholas. 1983. "Some Problems in the 'Laudatio Turiae.'" *Bulletin of the Institute of Classical Studies* 30: 85–98.
Houston, George W. 2002. "The Slave and Freedman Personnel of Public Libraries in Ancient Rome." *Transactions of the American Philological Association* 132(1/2): 139–76.
——. 2014. *Inside Roman Libraries : Book Collections and Their Management in Antiquity*. University of North Carolina Press.
Hyde, Walter Woodburn. 1924. "Trajan's Danube Road and Bridge." *The Classical Weekly* 18(8): 59–64.
Johnson, William A. and Holt Neumon Parker (eds.). 2009. *Ancient Literacies : The Culture of Reading in Greece and Rome*. Oxford University Press.
Joshel, S. R. 1992. *Work, Identity, and Legal Status at Rome : A Study of the Occupational Inscriptions*. University of Oklahoma Press.
Kehoe, Dennis P. 2007. "The Early Roman Empire: Production." In *The Cambridge Economic History of the Greco-Roman World*, eds. Walter Scheidel, Ian Morris and Richard P. Saller. Cambridge University Press.
Keppie, L. J. F. 1991. *Understanding Roman Inscriptions*. B. T. Batsford.
Knapp, Robert C. 2011. *Invisible Romans : Prostitutes, Outlaws, Slaves, Gladiators, Ordinary Men and Women– the Romans That History Forgot*. Profile Books.

Köves-Zulauf, Thomas. 1990. *Römische Geburtsriten*. C.H. Beck.

Kron, Geoffrey. 2000. "Roman Ley-Farming." *Journal of Roman Archaeology* 13: 277–87.

Laes, Christian and Ville Vuolanto. 2017. *Children and Everyday Life in the Roman and Late Antique World*. Routledge.

Lightfoot, Christopher S. 2014. *Ennion: Master of Roman Glass*. The Metropolitan Museum of Art.

Ling, Roger. 1977. "Studius and the Beginnings of Roman Landscape Painting." *The Journal of Roman Studies* 67: 1–16.

Lovén, Lena Larsson. 2016. "Women, Trade, and Production in Urban Centres of Roman Italy." In *Urban Craftsmen and Traders in the Roman World*, eds. Andrew Wilson and Miko Flohr. Oxford University Press: 200–21.

MacDonald, William Lloyd. 1965. *The Architecture of the Roman Empire*. Yale University Press.

MacLachlan, Bonnie. 2013. *Women in Ancient Rome : A Sourcebook*. Bloomsbury.

Maras, Daniele F. 2018. "Epigraphy and Nomenclature." In *The Peoples of Ancient Italy*, eds. Gary D. Farney and Guy Bradley. De Gruyter: 63–88.

Marvin, Miranda. 2008. *The Language of the Muses : The Dialogue between Roman and Greek Sculpture*. J. Paul Getty Museum.

Matz, D. 2002. *Daily Life of the Ancient Romans*. Greenwood Press.

Maurice, Lisa. 2013. *The Teacher in Ancient Rome : The Magister and His World*. Lexington Books.

Mayer, Emanuel. 2012. *The Ancient Middle Classes : Urban Life and Aesthetics in the Roman Empire, 100 BCE-250 CE*. Harvard University Press.

McIntyre, Gwynaeth and Sarah McCallum (eds.). 2019. *Uncovering Anna Perenna: a Focused Study of Roman Myth and Culture*. Bloomsbury Academic.

Merriam, Carlo U. 2005. "Sulpicia and the Art of Literary Allusion: [Tibullus] 3.13." In *Women Poets in Ancient Greece and Rome*, ed. Ellen Greene. University of Oklahoma Press: 158–68.

Milnor, Kristina. 2011. "Literary Literacy in Roman Pompeii." In *Ancient Literacies*, 288–319. Oxford University Press.

Mohler, S. L. 1940. “Slave Education in the Roman Empire.” *Transactions and Proceedings of the American Philological Association* 71: 262–80.

Nicholls, Matthew. 2018. “Libraries and Literary Culture in Rome.” In *A Companion to the City of Rome*, eds. C. Holleran et al. Wiley Blackwell: 343–61.

Nuorluoto, Tuomo. 2017. “Emphasising Matrilineal Ancestry in a Patrilineal System: Maternal Name Preference in the Roman World.” In *Tell Me Who You Are: Labelling Status in the Graeco-Roman World*, eds. M. Nowak, A Łajtar and J. Urbanik: 257–81.

Nutton, Vivian. 2013. *Ancient Medicine*. 2nd ed. Routledge.

Olson, Kelly. 2003. “Roman Underwear Revisited.” *The Classical World* 96(2): 201–10.

——. 2008. “The Appearance of the Young Roman Girl” In *Roman Dress and the Fabrics of Roman Culture*, eds. J. C. Edmondson and Alison Keith. University of Toronto Press: 139-57.

Osgood, Josiah. 2014. *Turia : A Roman Woman's Civil War*. Oxford University Press.

Petersen, Lauren Hackworth. 2003. “The Baker, His Tomb, His Wife, and Her Breadbasket: The Monument of Eurysaces in Rome.” *The Art Bulletin* 85 (2): 230–57.

Piranomonte, Marina (ed.). 2002. *Il santuario della musica e il bosco sacro di Anna Perenna*. Electa.

——. 2010. “Religion and Magic at Rome: the Fountain of Anna Perenna” In *Magical Practice in the Latin West : Papers from the International Conference Held at the University of Zaragoza, 30 Sept.-1 Oct. 2005*. eds. R. L. Gordon and F. M. Simón. Brill.

Plant, I. M. 2004. *Women Writers of Ancient Greece and Rome : An Anthology*. University of Oklahoma Press.

Poehler, Eric, Miko Flohr and Kevin Cole (eds.). 2011. *Pompeii: Art, Industry, and Infrastructure*. Oxbow Books.

Putnam, Michael C. J. 1967. “The Shrine of Vortumnus.” *American Journal of Archaeology* 71(2): 177–79.

Rawson, Beryl. 2003. *Children and Childhood in Roman Italy*. Oxford University Press.

Richardson, L. 1992. *A New Topographical Dictionary of Ancient Rome*.

Johns Hopkins University Press.

Reichmann, Felix. 1938. "The Book Trade at the Time of the Roman Empire." *The Library Quarterly: Information, Community, Policy* 8(1): 40–76.

Ruffing, Kai. 2016. "Driving Forces for Specialization: Market, Location Factors, Productivity Improvements." In *Urban Craftsmen and Traders in the Roman World*, eds. Andrew Wilson and Miko Flohr. Oxford University Press: 115–31.

Salzman, Michele Renee. 2013. "Structuring Time." In *The Cambridge Companion to Ancient Rome*, ed. Paul Erdkamp. Cambridge University Press: 478–96.

Scheid, John. 2003. *An Introduction to Roman Religion*. tr. Janet Lloyd. Edinburgh University Press.

Scheidel, Walter, Ian Morris and Richard P. Saller (eds.). 2007. *The Cambridge Economic History of the Greco-Roman World*. Cambridge University Press.

Scullard, H. H. 1981. *Festivals and Ceremonies of the Roman Republic. Aspects of Greek and Roman Life*. Thames and Hudson.

Sebesta, Judith Lynn and Larissa Bonfante (eds.). 1994. *The World of Roman Costume*. Wisconsin Studies in Classics. University of Wisconsin Press.

Stambaugh, John E. 1988. *The Ancient Roman City*. Johns Hopkins University Press.

Steinby, Eva Margareta. 1993. *Lexicon Topographicum Urbis Romae Volume 4*. Quasar.

Stern, E. Marianne. 1999. "Roman Glassblowing in a Cultural Context." *American Journal of Archaeology* 103(3): 441–84.

Stern, Sacha. 2012. *Calendars in Antiquity : Empires, States, and Societies*. Oxford University Press.

Storey, Glenn R. 2013. "Housing and Domestic Architecture." In *The Cambridge Companion to Ancient Rome*, ed. Paul Erdkamp. Cambridge University Press: 151–68.

Strong, Donald and David Brown. 1976. *Roman Crafts*. New York University Press.

Teeter, Timothy M. 1988. "A Note on Charioteer Inscriptions." *The Classical World* 81(3): 219–21.

Toner, Jerry. 2015. "Barbers, Barbershops and Searching for Roman Popular Culture." *Papers of the British School at Rome* 83: 91–109.
Treggiari, Susan. 1969. *Roman Freedmen during the Late Republic*. Clarendon Press.
——. 1975a. "Family Life among the Staff of the Volusii." *Transactions of the American Philological Association* 105: 393–401.
——. 1975b. "Jobs in the Household of Livia." *Papers of the British School at Rome* 43: 48–77.
——. 1979. "Lower Class Women in the Roman Economy." *Florilegium* 1: 65–86.
——. 1991. *Roman Marriage : Iusti Coniuges from the Time of Cicero to the Time of Ulpian*. Oxford University Press.
Turner, Eric Gardner. 1968. *Greek Papyri : An Introduction*. Clarendon Press.
Velestino, D. 2015. *La Galleria Lapidaria Dei Musei Capitolini*. Incipit. Collana Di Approfondimenti. De Luca editori d'arte.
Wallace, Rex. 2011. "The Latin Alphabet and Orthography." In *A Companion to the Latin Language*, ed. James Clackson. Wiley-Blackwell: 9–28.
Welch, Tara Silvestri. 2015. *Tarpeia : Workings of a Roman Myth*. Ohio State University Press.
Wilkinson, P. 2017. *Pompeii: An Archaeological Guide*. I.B.Tauris.
Willi, A. 2021. *Manual of Everyday Roman Writing Volume 2: Writing Equipment*. LatinNow ePubs.
Wilson, Andrew and Miko Flohr. 2016. *Urban Craftsmen and Traders in the Roman World*. Oxford University Press.
Wood, Simon. 2009. "Horti in the City of Rome: Emulation and Transcendence in the Late Republic and Early Empire." *Theoretical Roman Archaeology Journal*: 75–90.

注釈

はじめに

【1】Hemelrijk (2021) p.157. 【2】Di Stefano Manzella, p.178.

第1章　ローマのはじまりの歴史

【1】松田、p.56. 【2】Freeman, p.84. 【3】Cf. 島田 (1997) pp.54ff. 【4】河島、pp.50-51.

第2章　衣・食・住事情

【1】Croom, pp.53ff. 【2】Flohr, pp. 98ff. 【3】Mayer, pp.116ff. 【4】Croom, pp.68ff., Goldman, pp.101ff. 【5】Fantham, pp.336-37. 【6】Hawley, p.205 n.30. 【7】Cf. MacLachlan, p.187, 本村 (2010) pp.90-92. 【8】Harris, pp.9ff. p.259, Milnor, pp.291-92. 【9】Petersen. 【10】ヴェーバー、p.447. 【11】ファース、pp.387ff. 【12】イレッリ、p.285. 【13】ファース、pp.195ff. 【14】Cf. Kron. 【15】長谷川（2004）p.177. 【16】Storey, pp.155ff. 【17】Aldrete (2007) p.106. 【18】Cf. Cooley (2013) pp.259-60, Hemelrijk (2021) p.181-82. 【19】長谷川（2004）p.265. 【20】長谷川（2004）p.302. 【21】Frier, p.34. 【22】Stambaugh, p.154. 【23】Holleran (2018) p.445. 【24】Helen, p.105. 【25】Bloch, p.12. 【26】Bloch, p.92. 【27】Scheid, p.165. 【28】Cf. Boyce. 【29】Bodel, pp.166-67. 【30】Laes, p.273.

第3章　日常生活をのぞき見る

【1】オウィディウス『祭暦』訳注 pp.299-300. 【2】Storey, p.484. 【3】Piranomonte (2010) p.199-200; Piranomonte (2002) pp.26-33. 【4】Horsfall, p.86. 【5】Osgood, p.17. 【6】樋脇、p.55l. 【7】Osgood, p.17. 【8】Osgood, pp.55ff. 【9】Treggiari (1975b) p.96n102. 【10】Treggiari (1975a) p.395. 【11】島田（1997）pp.32-33. 【12】Cf. Treggiari (1979) p.75 【13】Toner, pp.94ff. 【14】Croom, pp.113ff. 【15】Brun, p.278. 【16】Carlsen, p.83. 【17】Nuorluoto, p.268. 【18】Teeter, pp.219ff. 【19】Bell, p.224. 【20】島田（1999）pp.108-11. 【21】Futrell, pp.143-44. 【22】本村 (2011)

pp.158ff. 【23】本村 (2011) pp.219ff. 【24】島田（1999）p.111. 【25】長谷川（2010）. 【26】Hannah, pp.141ff., ヴェーバー、pp.251-53. 【27】Maltby, p.385. 【28】Maras, p.83. 【29】Friggeri, p.467. 【30】桑山、p.28. 【31】長谷川（2004）pp.281-82. 【32】Hopkins, pp.215-16. 【33】Cf. Hopkins, p.233. 【34】Cf. 佐野、島. 【35】Cf. Velestino, pp.47-48, 54, 58. 【36】Bowman, pp.788-89.

第4章　働く人たち

【1】Nutton, p.170. 【2】Treggiari (1969) pp.130ff. 【3】Cf. Caldwell, pp.155-56. 【4】ヴェーバー、p.558. 【5】Hodge, p.74. 【6】Joshel, p.135, Hawkins, p.254. 【7】Cf. Treggiari (1979) p.66. 【8】Marvin, pp.188-89. 【9】Dunbabin, p.236. 【10】池口、p.120, Aldrete (1999) p.180. 【11】Borghini, p.63. 【12】Ling. 【13】Esposito, pp.268ff. 【14】Stern (1999) p.444. 【15】Lightfoot, p.18. 【16】Harden, pp.169ff. 【17】Harden, pp.164-65. 【18】Knapp, p.72. 【19】Lovén, pp.208-09. 【20】Hawkins, p.160. 【21】Hawkins, p.160. 【22】ブリケル、p.16. 【23】Ruffing, pp.123-24. 【24】Strong, pp.143ff. 【25】Holleran (2013) pp.315-16. 【26】Joshel, p.135. 【27】Cooley (2012) p.204. 【28】Hodge, p.112. 【29】Hodge, p.304.

第5章　学術・技術の担い手

【1】Bowie, p.25. 【2】Cf. Hempl. 【3】Hempl, p.24. 【4】Dixon, p.61. 【5】Mohler, p.256. 【6】Cf. Merriam. 【7】Bankston, pp.207ff. 【8】ヴェーバー、pp.295ff. 【9】Turner, p.51. 【10】Reichmann, p.68. 【11】Willi, p.50. 【12】八木、pp.38-40. 【13】Houston (2002) pp.146-47. 【14】Dix, p.288. 【15】Nicholls, p.350. 【16】Houston (2014) p.222. 【17】Cf. Olson (2008) pp.143ff. 【18】ヴェーバー、pp.261-63. 【19】Rawson, p.98. 【20】Bruun, p.590. 【21】Hyde. 【22】Carini, p.179. 【23】Richardson, p.175. 【24】MacDonald, p.78. 【25】Matz, pp.75-76. 【26】Bradley (1998). 【27】Frings, pp.93-96.

著者略歴

１９７７年、群馬県に生まれる。西洋古典学者。博士（文学）。京都大学大学院文学研究科准教授。国際基督教大学教養学部、東京都立大学人文科学研究科修士課程・博士課程で学ぶ。東京外国語大学、東京都立大学、いわき明星大学、日本女子大学などの非常勤講師、東海大学文化社会学部准教授を経て、現職。

著書に『基本から学ぶラテン語』（ナツメ社）、編著書に『西洋古典学のアプローチ——大芝芳弘先生退職記念論集』（晃洋書房）、共著に『ホメロス『イリアス』への招待』『パストラル——牧歌の源流と展開』（以上、ピナケス出版）、『はじまりが見える世界の神話』（創元社）、監修に『ラテン語練習プリント』『ギリシャ語練習プリント』（以上、小学館）、『おそまつなギリシャ神話事件簿』（すばる舎）などがある。

古代《こだい》ローマ ごくふつうの50人《にん》の歴史《れきし》
——無名《むめい》の人々《ひとびと》の暮《く》らしの物語《ものがたり》

二〇二三年三月一三日　第一刷発行

著者　河島《かわしま》思朗《しろう》
発行者　古屋信吾
発行所　株式会社さくら舎　http://www.sakurasha.com
東京都千代田区富士見一-二-一一　〒一〇二-〇〇七一
電話　営業　〇三-五二一一-六五三三　FAX　〇三-五二一一-六四八一
　　　編集　〇三-五二一一-六四八〇
振替　〇〇一九〇-八-四〇二〇六〇

装丁　石間　淳
作図　森崎達也（株式会社ウエイド）
印刷・製本　中央精版印刷株式会社

ISBN978-4-86581-378-4

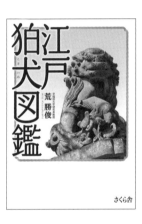